제대로 한국어²
Practical Korean Language for Foreign Students

발간사

　제주대학교가 대학의 글로벌화에 중점을 두고 국제교류사업을 추진한 지 15년의 세월이 흘렀습니다. 지금까지 우여곡절이 많았지만 제주대학교의 국제화라는 화두는 지난 총장님들과 늘 함께하였으며, 지금도 진행 중입니다. 대학의 국제화는 대학의 종합적 발전과 미래 비전을 실현하는 데 반드시 필요한 과정이므로 이를 위한 다양한 방안과 노력이 진행되어야 할 것입니다.

　이번에 제주대학교에서 편찬한 '제대로 한국어 2' 교재는 이러한 대학의 글로벌화에 반드시 필요한 기본적인 교재입니다. 제주대학교 한국어 교재를 발간하고자 한 계기는 제주대학교와 제주도의 지역적 특수성을 반영하고, 제주대학교 유학생들의 학습 상황에 맞는 교재의 필요성을 느꼈기 때문입니다. 제주도의 역사성과 사회성을 고려할 때 제주대학교의 유학생 유치와 교육은 타 대학과는 차별화된 방안이 반드시 필요합니다. 이러한 이유로 이번에 발간하는 제주대학교 한국어 교재는 제주대학교에 진학하려는 유학생들의 눈높이에 맞춘 교재가 될 것입니다.

　이 교재는 제주의 문화를 담아내는 그릇으로써의 기능을 하면서 제주대학교 한국어과정은 물론 해외 제주대학교 한국어학당 분원의 주 교재로 활용되고, 한국어 프로그램의 교수·학습 역량을 강화하는 데 도움이 될 것으로 생각합니다.

　이 교재는 한국어를 처음 배우는 외국인들이 느끼는 한국어의 어려움을 최소화하기 위하여 한국어 말하기 능력과 소통 능력을 중점적으로 다루었습니다. 이를 위하여 한국어 학습자들이 생활에서 흔히 접할 수 있는 실용적인 대화문 등을 기반으로 일상생활에서 유용하게 사용할 수 있는 내용들을 담았습니다. 이러한 측면에서 이 교재는 제주대학교 유학생뿐만 아니라 해외 동포, 한국어를 처음 배우는 외국인 학습자들에게 많은 도움이 될 것입니다. 끝으로 이 책을 편찬하기 위해 노력한 제주대학교 한국어 교재 편찬위원들과 국제교류본부 직원들에게 감사함을 표합니다.

2020년 2월
제주대학교 총장 송 석 언

제대로 한국어 2

Practical Korean Language for Foreign Students

contents

3 발간사   6 일러두기   7 단원 구성   8 교재 구성표

10 제대로 한국어 2

14　01 소개	86　07 편의시설	158　13 정보
26　02 여가	98　08 고장·분실	170　14 공공기관
38　03 쇼핑	110　09 실수	182　15 계획
50　04 주문	122　10 요청·허락	194　16 바람
62　05 날씨	134　11 불평불만	
74　06 맛집·여행	146　12 문제 해결	

207 듣기 지문   213 어휘 색인

일러두기

　'제대로 한국어2'는 '제대로 한국어1'에 이어 한국어를 배우려는 외국인을 위한 초급 교재이다. 이에 한국어교육 표준 모형 2급 수준에 해당하는 어휘 및 문법 교수요목으로 구성하여 초급 단계에서 반드시 학습해야 할 어휘 및 표현과 문법을 제시하였다. 이를 바탕으로 일상생활과 공공장소에서 필요한 기본적인 의사소통 능력을 기르고자 하였다.

　'제대로 한국어2'는 학문 목적의 학습자들을 대상으로 한다. 따라서 대학에 진학하고자 하는 학습자들의 상황을 고려하여 교재를 구성하였다. 교재의 주제는 한국어교육 표준 모형 2급 수준에 해당하는 주제를 참고하여 제주대학교 한국어과정의 학생들을 대상으로 설문조사를 실시하였고, 그 결과를 바탕으로 교재 집필진이 16가지의 주제를 선정하였다. 한편 교재의 내용은 학습자들이 일상생활 및 학교생활에서 흔히 접할 수 있는 담화 상황을 담아 학습자들의 흥미를 높이고자 하였다.

　'제대로 한국어2'는 〈대화〉, 〈어휘 및 표현〉, 〈문법〉, 〈활동1〉~〈활동4〉의 순으로 구성하였다. 〈어휘 및 표현〉은 '제대로 한국어1'의 〈어휘〉에서 나아가 주제와 관련된 표현까지 다루었고, 〈문법〉은 학습자들이 말하기를 통해 문법 학습이 이루어질 수 있는 과제를 제시하였다. 〈활동1〉~〈활동4〉에 해당하는 〈읽고 말하기〉, 〈듣고 말하기〉, 〈쓰고 말하기〉, 〈그림 보고 말하기〉는 주제와 관련 있는 읽기, 듣기, 쓰기를 말하기로 연결시켜 학습자들의 보다 실제적이고 일상적인 한국어 말하기 능력을 향상시키고자 하였다.

　'제대로 한국어2'는 한국 문화뿐만 아니라 지역 문화에도 초점을 두어 지역에 대한 관심과 흥미를 유도하려 하였다. 문화 다양성 실현의 관점에서 여러 나라의 학습자들이 공유할 수 있는 내용을 대화와 활동 등에서 제시, 학습자 간의 문화 차이에 대한 이해를 돕고 태도의 변화까지 이어질 수 있도록 노력하였다.

단원 구성

'제대로 한국어2'는 총 16개의 과로 구성되었다. 각 과의 교육 시간은 8시간이며, 기관의 상황에 따라 조절할 수 있다. 각 과는 〈도입〉, 〈대화〉, 〈어휘 및 표현〉, 〈문법〉, 〈활동1〉~〈활동4〉 순이다.

- 〈도입〉에서는 학습 주제와 관련된 이미지와 함께 짧은 대화문을 듣기로 제시하여 해당 과에서 학습할 내용을 미리 이야기해 보도록 하였다.

- 〈대화〉에서는 〈도입〉의 짧은 대화문에서 나아가 실제 담화 상황과 유사한 대화문을 제시하여 실제 상황에 맞는 문장들을 자연스럽게 익힐 수 있도록 하였다.

- 〈어휘 및 표현〉은 〈어휘 및 표현1〉과 〈어휘 및 표현2〉로 구성하였으며 각 과의 핵심 어휘와 확장 어휘, 관련 표현을 사용 빈도와 난이도에 따라 선별하여 담았다.

- 〈문법〉은 각 과마다 3개의 목표 문법을 선정하여 총 48개를 제시하였다. 예문은 문법 항목의 활용에 초점을 맞추어 2개의 대화문을 제시하였다. 또한 문법 연습에서는 제시된 이미지를 통해 목표 문법을 익힐 수 있도록 하였다.

- 〈활동1〉~〈활동4〉는 〈읽고 말하기〉, 〈듣고 말하기〉, 〈쓰고 말하기〉, 〈그림 보고 말하기〉 순이며 말하기, 듣기, 읽기, 쓰기의 전 영역이 유기적으로 연계될 수 있도록 구성하였다.

- 〈읽고 말하기〉에서는 〈대화〉를 읽기 텍스트로 재구성하여 학습자들이 다른 시각에서 〈대화〉 내용을 정리할 수 있도록 하였다. 또한 유의해야 할 발음을 제시하여 한국어의 음운 현상에 대한 이해를 높이고자 하였다. 한편 읽기 텍스트 음원을 함께 실어 읽기 활동에 그치지 않고 듣기 활동까지 수행할 수 있게 하였다.

- 〈듣고 말하기〉에서는 주제와 관련 있는 대화, 안내, 알림 등을 제시하여 학습자들의 듣기 능력을 향상시키고 들은 내용을 활용해 말하기 활동을 이어 나갈 수 있도록 하였다.

- 〈쓰고 말하기〉에서는 〈듣고 말하기〉에서 수행한 내용들을 간단하게 글쓰기로 정리하여 발표할 수 있도록 하였다.

- 〈그림 보고 말하기〉는 각 과의 내용을 마무리하는 활동으로 주제와 관련된 다양한 이미지들을 제시하여 학습자들이 스스로 이야기를 구성하며 학습한 내용을 확인, 정리할 수 있도록 하였다.

교재 구성표

과	주제	문법	어휘 및 표현	활동
01	소개	• V-(으)ㄴ 지 되다 • A/V-고요 • V-아/어 보다	오리엔테이션 소개 표현	• 소개하는 글 읽고 말하기 • 처음 만난 사람과 인사하는 대화 듣고 말하기 • 친구 소개하는 글 쓰고 발표하기 • 새 친구와 장소 소개하는 이야기하기
02	여가	• A/V-(으)ㄹ 것 같다 • N에게 • V-는 게 어때요?	악기 연주 동아리	• 동아리 소개하는 글 읽고 말하기 • 동아리를 문의하는 대화 듣고 말하기 • 가입하고 싶은 동아리에 대해서 쓰고 발표하기 • 동아리 활동에 대해서 이야기하기
03	쇼핑	• A-(으)ㄴ지, V-는지, N인지 알다[모르다] • V-다가 • A/V-지요?, N(이)지요?	색 돈	• 물건을 산 경험에 대해서 쓴 글 읽고 말하기 • 인터넷에서 물건을 산 경험에 대한 대화 듣고 말하기 • 최근에 산 물건에 대해서 쓰고 발표하기 • 주변의 쇼핑 장소 찾아가는 방법 이야기하기
04	주문	• N만 • V-(으)면서 • A/V-았으면/었으면 좋겠다	음식 앱 주문	• 휴대폰으로 음식 주문한 글 읽고 말하기 • 전화로 음식 주문한 대화 듣고 말하기 • 앱으로 주문하고 싶은 것 쓰고 발표하기 • 휴대폰 앱으로 음식 주문해 보기
05	날씨	• A-아지다/어지다 • V-아도/어도 되다 • V-(으)면 안 되다	날씨 미세먼지	• 미세먼지에 대한 글 읽고 말하기 • 일기예보 듣고 말하기 • 세계 도시의 날씨 쓰고 발표하기 • 미세먼지가 많은 날 주의해야 할 점에 대해서 이야기하기
06	맛집·여행	• V-(으)ㄴ 적이 있다[없다] • V-(으)ㄹ까 하다 • V-(으)니까	체험 나라별 대표 음식	• 맛집에 대해서 친구와 이야기하는 글 읽고 말하기 • 해녀 축제를 소개하는 내용 듣고 말하기 • 내가 알고 있는 맛집 쓰고 발표하기 • 제주도의 먹거리, 즐길 거리, 볼거리에 대해서 이야기하기
07	편의 시설	• 반말 • V-(으)ㄴ 다음(에) • N 말고	무인 자동 판매기/발매기 고속버스 승차권 발매 순서	• 무인 발매기 사용 경험에 대한 글 읽고 말하기 • 지하철 표 사는 방법에 대한 대화 듣고 말하기 • 무인 발매기 사용 경험에 대해서 쓰고 발표하기 • 다양한 무인 발매기 사용에 대해서 이야기하기
08	고장·분실	• A-(으)ㄴ가요?, V-나요?, N인가요? • A/V-아서/어서 그런지 • A/V-아야겠다/어야겠다	고장 분실	• 서비스 센터 방문 경험에 대한 글 읽고 말하기 • 분실물에 대한 문의 전화 내용 듣고 말하기 • 잃어버린 물건에 대해서 쓰고 발표하기 • 분실물에 대한 일화 소개해 보기

과	주제	문법	어휘 및 표현	활동
09	실수	• A/V-기 때문에, N 때문에 • V-아/어 버리다 • A/V-거든요	감정 1 사과 표현	• 실수 경험에 대한 글 읽고 말하기 • 사과하는 전화 내용 듣고 말하기 • 기억에 남는 실수에 대해서 쓰고 발표하기 • 실수를 할 수 있는 상황에 대해서 이야기하기
10	요청·허락	• V-는 중, N 중 • V-기로 하다 • A-다고, V-ㄴ다고/는다고, N(이)라고 하다	수업 약속	• 허락을 구하는 내용에 대한 글 읽고 말하기 • 부탁하는 전화 내용 듣고 말하기 • 약속을 취소하는 메시지 쓰고 발표하기 • 전화로 예약을 취소하거나 약속을 변경해 보기
11	불평 불만	• A-아/어 보이다 • V-아/어 달라고 하다 • V-고 나서	불편 감정 2	• 불편한 상황을 겪는 글 읽고 말하기 • 공동 생활 규칙에 대한 알림 내용 듣고 말하기 • 공공 장소에서 주의해야 할 점에 대해서 쓰고 발표하기 • 공공 장소에서 하지 말아야 할 행동에 대해서 이야기하기
12	문제 해결	• V-기(가) • A-(으)ㄴ, V-는 편이다 • V-도록 하다	공동 생활 규칙 기숙사 규칙	• 공동 생활의 문제 해결에 대한 글 읽고 말하기 • 공동 생활 규칙을 정하는 대화 듣고 말하기 • 방을 함께 사용할 때의 불편함을 해결한 경험 쓰고 발표하기 • 방을 함께 사용할 때의 규칙 정해 보기
13	정보	• V-아/어 가지고 • V-는 대신(에), N 대신(에) • A/V-(으)ㄹ 테니까	게시판 1 게시판 2	• 우리 학교 홈페이지를 소개하는 글 읽고 말하기 • 홈페이지에서 기숙사를 신청하는 대화 듣고 말하기 • 홈페이지 게시판에 글 쓰고 발표하기 • 홈페이지 게시판의 글에서 원하는 정보 찾아 보기
14	공공 기관	• N에다가 • A-게 • V-자마자	신청서 증명서	• 비자 기간 연장 신청에 대한 글 읽고 말하기 • 출입국·외국인청에서의 대화 듣고 말하기 • 비자 기간 연장 신청서 작성하기 • 공공기관에서 할 수 있는 일에 대해서 이야기하기
15	계획	• V-는 동안 • A/V-잖아요 • A/V-(으)ㄹ지 모르겠다	관광지 여행	• 여행 계획에 대한 글 읽고 말하기 • 여행 경험에 대한 대화 듣고 말하기 • 2박 3일의 여행 일정을 세우고 발표하기 • 여행지, 교통편, 숙소 등 구체적인 여행 계획 세워 보기
16	바람	• N에 대해(서) • N처럼 • V-고 싶어 하다	유튜브 직업	• 친구의 꿈을 소개하는 글 읽고 말하기 • 인기 유튜버에 대한 대화 듣고 말하기 • 만들고 싶은 동영상에 대해서 쓰고 발표하기 • 미래의 자신의 꿈에 대한 동영상 제작해 보기

Practical Korean Language for Foreign Students

14
01 소개
한국에 온 지
얼마나 됐어요?

26
02 여가
동아리에서 장구를
배우고 있어요.

38
03 쇼핑
어디에 가방 가게가 있는지
알아요?

50
04 주문
배고픈데 피자를
시켜서 먹을까요?

62
05 날씨
이런 날 외출해도 돼요?

74
06 맛집·여행
인터넷에서 보니까
유명한 맛집이었어요.

86
07 편의시설
음식을 선택한 다음에
확인 버튼을 눌러.

98
08 고장·분실
휴대폰이 안 켜져요.

110
09 실수
커피를 들고 나오다가
쏟아 버렸어.

제대로 한국어 2

122
10 요청·허락
죄송한데요,
수업 중에 나가야 할 것 같아요.

134
11 불평불만
요즘 룸메이트 때문에
잠을 잘 못 자.

146
12 문제 해결
소리가 좀 컸구나.
미안해.

158
13 정보
언어 교환 친구를
찾아보는 게 어때요?

170
14 공공기관
출입국·외국인청에 가서
연장하면 돼요.

182
15 계획
부모님과 같이
오름에 가 보고 싶어요.

194
16 바람
유명한 방송인이 되는 것이
꿈이야?

01

소개

한국에 온 지 얼마나 됐어요?

🔊 track 02

대화

토마스	저, 여기가 2급 A반 교실이에요?
왕밍밍	네, 맞아요.
토마스	안녕하세요? 저는 토마스예요.
왕밍밍	안녕하세요? 저는 왕밍밍이에요.
토마스	만나서 반가워요. 밍밍 씨는 한국에 온 지 얼마나 됐어요?
왕밍밍	저는 한국에 온 지 3개월이 됐어요. 토마스 씨는요?
토마스	저도 3개월 됐어요. 밍밍 씨, 어제 오리엔테이션에 갔어요? 저는 일이 있어서 못 갔어요.
왕밍밍	그래요? 저는 오리엔테이션에 갔어요. 거기에서 선생님과 친구들을 만났어요. 새 책도 받았고요.
토마스	새 책을 읽어 봤어요? 어때요?
왕밍밍	1급보다 단어가 많아요. 대화도 길고요.

맞다 개월 오리엔테이션 일 새 대화

어휘 및 표현 1 vocabulary

20○○년 봄학기 일정표

2급 A반

주	월	화	수	목	금
1	2. 27.	2. 28. 개강	3. 1.	3. 2.	3. 3.
		오리엔테이션			
2	3. 6.	3. 7.	3. 8.	3. 9.	3. 10.
					문화체험
10	4. 29.	4. 30.	5. 1.	5. 2.	5. 3.
		기말 시험			수료식

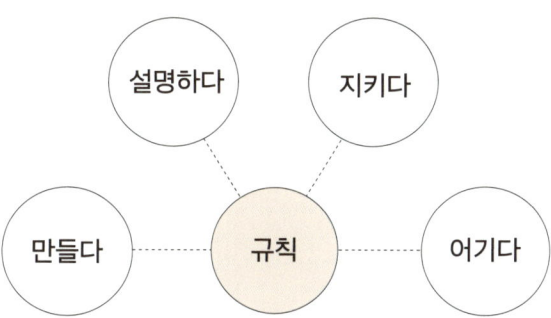

어휘 및 표현 2 vocabulary

- 처음 뵙겠습니다.
- 저는 N(이)라고 합니다.
- [나이, 이름, 주소, 직업]이/가 어떻게 되세요?
- N은요?/N는요?

문법 1
V-(으)ㄴ 지 되다

가: 한국어를 배운 지 몇 개월 됐어요?
나: 한국어를 공부한 지 3개월 됐어요.

가: 디지털 도서관은 지은 지 얼마나 됐어요?
나: 디지털 도서관은 지은 지 얼마 안 됐어요.

그림을 보고 이야기해 보세요.

보기

남자친구를 사귄 지 얼마나 됐어요?

남자친구를 사귄 지 1년 됐어요.

1)

2)

3)

4)

👆 몇 짓다 이야기하다 살다

문법 2

A/V-고요

가: 제주도는 어때요?
나: 경치가 아름다워요. 공기도 맑고요.

가: 어제 친구를 만나서 뭐 했어요?
나: 영화를 봤어요. 밥도 먹었고요.

그림을 보고 말해 보세요.

찬영 씨는 농구를 잘해요.
축구도 잘하고요.

1)

2)

3)

4)

공기 뭐

문법 3

V-아/어 보다

가: 제주대학교 박물관에 가 봤어요?
나: 네, 가 봤어요.

가: 고기 국수를 먹어 봤어요?
나: 아니요, 아직 안 먹어 봤어요.

그림을 보고 이야기해 보세요.

인라인을 타 봤어요?
네, 타 봤어요.
아니요, 안 타 봤어요.

1)

2)

3)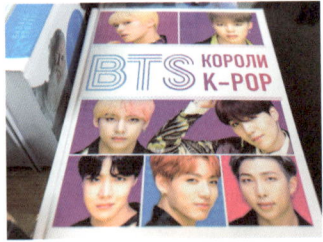

4)

활동 1 읽고 말하기

activity

1. 2급에서 처음 만난 친구가 있어요? 그 친구는 누구예요?

2. 다음을 소리 내어 읽으세요. track 04

저는 오늘 토마스를 처음 만났습니다. 토마스와 저는 같은 반입니다. 토마스는 독일에서 왔습니다. 토마스도 한국에 온 지 3개월 됐습니다. 토마스는 어제 일이 있어서 오리엔테이션에 가지 못했습니다. 그래서 토마스에게 이번 학기 일정을 알려 주었습니다.

 발음해 볼까요?

· 만났습니다[만낟씀니다]
· 같은[가튼]
· 독일에서[도기레서]
· 못했습니다[모탣씀니다]
· 학기[학끼]
· 일정[일쩡]

3. 다음 질문에 답하세요.

1) 이 사람은 누구를 소개하고 있어요?

2) 이 글의 내용과 같은 것을 고르세요.
   ① 토마스와 1급부터 같은 반이었습니다.
   ② 토마스는 3개월 전에 한국에 왔습니다.
   ③ 토마스는 오리엔테이션에 갔습니다.
   ④ 토마스가 이번 학기 일정을 알려 주었습니다.

☞ 다음 알리다 소개하다 에게 이번 고르다 전

활동 2 듣고 말하기

1. 처음 만났을 때 어떻게 인사해요?

2. 잘 듣고 질문에 답하세요. 🔊 track 05

1) 두 사람은 지금 무엇을 하고 있어요?

2) 알리한 씨는 한국에 온 지 얼마나 됐어요?

3) 맞으면 ○, 틀리면 × 하세요.

　① 두 사람은 오늘 처음 만났습니다.　　　　(　　)
　② 알리한 씨는 지금도 한국 생활이 힘듭니다.　(　　)
　③ 알리한 씨는 친구가 없습니다.　　　　　(　　)

3. 반 친구와 인사해 보세요.

👉 담임　생활　괜찮다　생기다

활동 3 쓰고 말하기

activity

'친구'에 대해서 쓰고 발표해 보십시오.

제 친구를 소개하겠습니다. 제 친구 이름은 (   )입니다.

활동 4 그림 보고 말하기

다음 그림을 보고 이야기해 보세요.

왕밍밍(중국, 언어 연수생)
3개월 전에 한국에 왔어요.

쇼핑

서울

케이팝(K-pop) 콘서트

에밀리(캐나다, 언어 연수생)
3개월 전에 한국에 왔어요.

야경

부산

자갈치 시장

아리온토야(몽골, 언어 연수생)
1년 전에 한국에 왔어요.

한옥 마을

전주

비빔밥

activity

춘천
애니메이션 박물관
닭갈비

페르난도(칠레, 교환학생)
6개월 전에 한국에 왔어요.

경주
불국사
황남빵

토마스(독일, 교환학생)
3개월 전에 한국에 왔어요.

제주도
한라산
흑돼지 구이

티엔(베트남, 대학원생)
3년 전에 한국에 왔어요.

02

여가

동아리에서 장구를 배우고 있어요.

🔊 track 06

대화

에밀리	페르난도 씨, 그건 뭐예요? 북이에요?
페르난도	아니요, 이건 장구예요. 한국 전통 악기예요.
에밀리	장구를 칠 줄 알아요?
페르난도	네, 조금요. 얼마 전부터 학교에서 장구를 배우고 있어요.
에밀리	학교에서요? 수업 시간에 장구를 배워요?
페르난도	아니요, 사물놀이 동아리에서 배워요.
에밀리	재미있을 것 같아요. 다른 동아리도 있어요?
페르난도	네, 노래 동아리도 있고, 그림 동아리도 있어요.
에밀리	그래요? 춤 동아리도 있어요?
페르난도	춤 동아리는 잘 모르겠어요. 사무실 선생님에게 물어보는 게 어때요?

북 장구 전통 악기 치다 조금 얼마 사물놀이 잘 물어보다

어휘 및 표현 [1]   vocabulary

| 연주하다 | 치다 | 켜다 | 불다 |

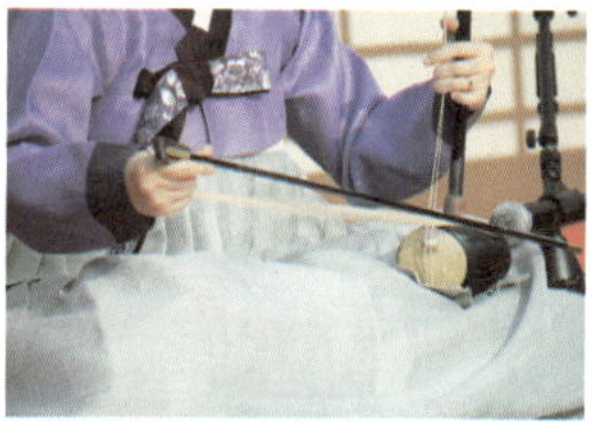

어휘 및 표현 [2]   vocabulary

동아리

- 합창
- 회원을 모집하다
- 사진 
- 동아리에서 탈퇴하다
- 동아리에 가입하다
- 봉사 
- 기타 
- 동아리에서 활동하다
- 회비를 내다
- 마술

문법 1

A/V-(으)ㄹ 것 같다

가: 갈비탕을 먹어 봤어요?
나: 안 먹어 봤는데 맛있을 것 같아요.

가: 왜 우산을 가져왔어요?
나: 오후에 비가 올 것 같아서 가져왔어요.

그림을 보고 이야기해 보세요.

보기

이 영화가 재미있을까요?
네, 재미있을 것 같아요.
아니요, 재미없을 것 같아요.

1)

2)

3)

4)

👉 왜 가져오다 눈

문법 2

N에게

가: 이 숙제는 누구에게 줘야 해요?
나: 선생님께 드리세요.

가: 뭘 샀어요?
나: 친구에게 줄 선물을 샀어요.

그림을 보고 이야기해 보세요.

보기

여기에서 뭐 하고 있어요?

고양이에게 밥을 주고 있어요.

1)

2)

3)

4)

 주다 선물 고양이 가르치다

문법 3

V-는 게 어때요?

가: 요즘 배가 자주 아파요.
나: 병원에 가 보는 게 어때요?

가: 찌개가 좀 짜네요.
나: 물을 좀 넣는 게 어때요?

그림을 보고 말해 보세요.

 보기

배를 타고 가는 게 어때요?

1)

2)

3)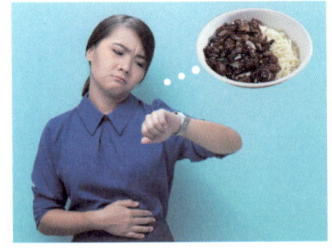

4)

요즘 찌개 좀 물

활동 1 읽고 말하기

1. 한국의 사물놀이를 알아요? 사물놀이 공연을 본 적이 있어요?

2. 다음을 소리 내어 읽으세요.

저는 얼마 전에 문화체험에서 사물놀이 공연을 처음 봤습니다. 그 공연을 본 후에 사물놀이에 관심이 생겼습니다. 한국 전통 악기를 배우면 재미있을 것 같았습니다. 그래서 학교에 있는 사물놀이 동아리에 가입했습니다. 지난주부터 동아리에서 장구를 배우고 있습니다. 선배들이 저에게 장구 치는 방법을 가르쳐 줍니다. 악기도 배우고 한국 친구들도 생겨서 좋습니다. 여러분도 사물놀이 동아리에 가입하는 게 어때요? 우리 동아리로 오세요. 환영합니다!

발음해 볼까요?
- 사물놀이[사:물로리]
- 악기[악끼]
- 재미있을 것[재미이쓸 껃]
- 있는[인는]
- 가입했습니다[가이팯씀니다]
- 좋습니다[조씀니다]

3. 다음 질문에 답하세요.

1) 이 사람은 무엇을 소개하고 있어요?

2) 이 글의 내용과 같은 것을 고르세요.
   ① 이 사람은 사물놀이 공연을 자주 봅니다.
   ② 이 사람은 지난달부터 장구를 배우고 있습니다.
   ③ 이 사람은 동아리 선생님에게 장구를 배웁니다.
   ④ 이 사람은 동아리에서 한국 친구들을 사귀었습니다.

공연 관심 선배 방법 여러분 우리 환영하다

활동 2 듣고 말하기

activity

1. 학교에서 동아리 활동을 한 적이 있어요?

2. 잘 듣고 질문에 답하세요. 🔊 track 09

1) 두 사람은 무엇에 대해 이야기하고 있어요?

2) 에밀리는 어떤 동아리에 관심이 있어요?

3) 맞으면 ○, 틀리면 × 하세요.
   ① 학교에는 운동 동아리가 없어요.   (   )
   ② 에밀리는 어렸을 때부터 춤추는 것을 좋아했어요. (   )
   ③ 동아리에 가입하면 선생님이 가르쳐 줘요.   (   )

3. 가입하고 싶은 동아리가 있어요? 친구와 이야기해 보세요.

👆 무슨 음악 외국어 혹시 춤추다

활동 3 쓰고 말하기

'내가 가입하고 싶은 동아리'에 대해서 쓰고 발표해 보십시오.

저는 (　　　　　　　)는 것에 관심이 많습니다.

그래서 (　　　　　　　) 동아리에 가입하고 싶습니다.

활동 4 그림 보고 말하기

다음 그림을 보고 이야기해 보세요.

👆 패러글라이딩 드론 탈춤

activity

밴드

03

―

쇼핑

어디에 가방 가게가 있는지 알아요?

🔊 track 10

대화

에밀리   가방을 사고 싶은데 어디에 가방 가게가 있는지 알아요?
이즈미   네, 여기에서 쭉 가다가 커피숍에서 오른쪽으로 가면 있어요. 같이 가요.

           (가방 가게에서)

에밀리   와! 예쁜 가방이 정말 많네요.
이즈미   에밀리 씨, 이 갈색 가방 어때요? 예쁘지요?
에밀리   음, 예쁘지만 좀 무거울 것 같아요.
이즈미   이건요? 가볍고 주머니도 있어서 편할 것 같아요.
에밀리   예쁘네요. 가격도 싸고요. 어때요? 잘 어울려요?
이즈미   네, 에밀리 씨한테 참 잘 어울려요.
에밀리   그래요? 그럼 이걸로 살래요.

가게   알다   정말   갈색   주머니   한테   어울리다

어휘 및 표현 1　　　　　　　　　　　　　　　　　　vocabulary

| 하얀색 | 까만색 | 빨간색 | 노란색 | 파란색 |
| 분홍색 | 초록색 | 보라색 | 회색 | 남색 |

어휘 및 표현 2　　　　　　　　　　　　　　　　　　vocabulary

지폐: 오만 원, 만 원, 오천 원, 천 원

동전: 오백 원, 백 원, 오십 원, 십 원

문법 1

A-(으)ㄴ지, V-는지, N인지 알다[모르다]

가: 도서관이 몇 시에 문을 닫는지 알아요?
나: 네, 알아요. 8시에 문을 닫아요.

가: 누가 유나 씨인지 아세요?
나: 네, 노란색 옷을 입은 사람이 유나 씨예요.

그림을 보고 이야기해 보세요.

보기

삼계탕이 얼마인지 알아요?
네, 알아요. 13,000원이에요.
아니요, 얼마인지 몰라요.

1)

누구예요?
언제 먹어요?
직업이 뭐예요?
언제예요?
어디에 있어요?
무엇이에요?
어떻게 만들어요?

2)

3)

4)

문 누구 언제 무엇 어떻게 떡국 파리 에펠탑

문법 2

V-다가

가: 한라은행에 어떻게 가는지 아세요?
나: 네, 쭉 가다가 사거리에서 오른쪽으로 가면 나와요.

가: 왜 일어났어요?
나: 자다가 큰 소리가 나서 깼어요.

그림을 보고 말해 보세요.

보기

커피를 마시다가 쏟았어요.

1)

2)

3)

4)

 사거리 소리 나다 깨다 쏟다 횡단보도 건너다 줍다

문법 3

A/V-지요?, N(이)지요?

가: 다음 주에 말하기 시험을 보지요?
나: 네, 다음 주 수요일에 봐요.

가: 이즈미 씨 언니가 승무원이지요?
나: 네, 맞아요. 승무원이에요.

그림을 보고 이야기해 보세요.

페르난도 씨가 장구를 배우지요?

네, 맞아요.

1)

2)

3)

4)

 말하기 보다 노약자석 이집트 피라미드

활동 1 읽고 말하기

1. 한국에서 물건을 사 봤어요? 무엇을 샀어요?

2. 다음을 소리 내어 읽으세요. track 12

저는 오늘 예쁜 가방 하나를 샀습니다. 요즘 제가 들고 다니는 가방은 예쁘지만 좀 무겁고 큽니다. 그래서 저는 작고 가벼운 가방을 하나 사고 싶었습니다. 이즈미 씨가 예쁜 가방을 파는 곳을 알고 있었습니다. 그래서 우리는 함께 가방을 사러 갔습니다. 이즈미 씨와 저는 시청 사거리에 있는 횡단보도를 건너서 쭉 가다가 커피숍에서 오른쪽으로 꺾었습니다. 거기에 가방 가게가 있었습니다. 그 가게에는 예쁜 가방도 많고 종류도 다양했습니다. 저는 이즈미 씨가 보여 준 파란색 가방을 샀습니다. 그 가방은 가볍고 안에 주머니가 있어서 편리할 것 같았습니다. 가격도 비싸지 않았습니다. 마음에 드는 가방을 사서 기분이 참 좋았습니다.

3. 다음 질문에 답하세요.

1) 이 사람은 오늘 무엇을 했어요?

2) 이 글의 내용과 같은 것을 고르세요.
   ① 이 사람이 들고 다니는 가방은 가볍습니다.
   ② 이 사람은 혼자 가방을 사러 갔습니다.
   ③ 이 사람은 주머니가 있는 파란색 가방을 샀습니다.
   ④ 이 사람이 산 가방은 가격이 좀 비쌌습니다.

발음해 볼까요?
· 무겁고[무겁꼬]
· 꺾었습니다[꺼껃씀니다]
· 많고[만코]
· 종류도[종뉴도]
· 편리할 것[펼리할 껃]
· 않았습니다[아낟씀니다]

물건 들다 팔다 곳 꺾다 종류 다양하다 마음에 들다 기분

활동 2 듣고 말하기

activity

1. 어디에서 물건을 자주 사요?

2. 잘 듣고 질문에 답하세요. track 13

1) 남자는 어디에서 축구화를 샀어요?

2) 남자는 축구화를 얼마에 샀어요?

3) 맞으면 ○, 틀리면 × 하세요.
   ① 할인 전 축구화의 가격은 12만 원입니다. (   )
   ② C마켓은 외국 사람들이 많이 이용합니다. (   )
   ③ 여자는 바지를 사려고 합니다.   (   )

3. 쇼핑할 때 자주 이용하는 인터넷 사이트가 있어요? 거기에서 무엇을 샀어요?

👉 인터넷 쇼핑하다 축구화 짜리 할인하다 사이트 이용하다 구두 바지 잘되다 얼마 가격

활동 3 쓰고 말하기

'최근에 산 물건'에 대해서 쓰고 발표해 보십시오.

저는 (　　　　　)에서 (　　　　　)을/를 샀습니다. 그것은

👆 최근

활동 4 그림 보고 말하기

다음 그림을 보고 이야기해 보세요.

activity

04

주문

배고픈데 피자를 시켜서 먹을까요?

🔊 track 14

대화

티엔   배고픈데 피자를 시켜서 먹을까요?
알리한   네, 좋아요. 불고기 피자는 어때요?
티엔   좋아요. 제가 휴대폰 앱으로 주문할게요.
알리한   앱으로 주문할 수 있어요?
티엔   그럼요. 앱만 있으면 가능해요. 음료도 시킬까요?
알리한   아니요, 피자만 먹어요.
티엔   알겠어요. 저한테 할인 쿠폰이 있어요. 오늘은 제가 살게요.
알리한   정말요? 고마워요.
티엔   우리 피자를 먹으면서 영화도 봐요.
알리한   그래요. 피자가 빨리 왔으면 좋겠어요.

시키다   불고기   휴대폰   가능하다   음료   할인   쿠폰

어휘 및 표현 1　　　　　　　　　　　　　　　vocabulary

한식　　중식　　일식

양식　　분식　　패스트푸드

어휘 및 표현 2　　　　　　　　　　　　　　　vocabulary

음식　　음식점　　메뉴　　장바구니

배달　　포장　　주문　　주소

문법 1

grammar

N만

가: 요즘 에밀리는 토마토만 먹어요.
나: 토마토만요?

가: 안드레이 씨, 왜 혼자만 교실에 있어요?
나: 친구들은 모두 점심 먹으러 갔어요.

그림을 보고 말해 보세요.

에밀리는 매일 BTS 노래만 들어요.

1)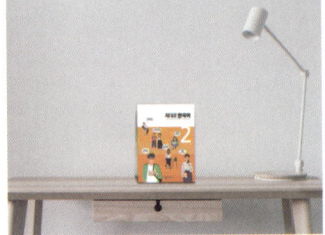

2)

3)

4)

매일 노래

문법 2

V-(으)면서

가: 스트레스를 어떻게 풀어요?
나: 음악을 들으면서 춤을 춰요.

가: 휴대폰을 보면서 걸으면 위험해요.
나: 네, 알겠습니다.

그림을 보고 이야기해 보세요.

이 사람은 뭐 해요?

친구하고 커피를 마시면서 이야기해요.

1)

2)

3)

4)

스트레스 풀다 위험하다 팝콘

문법 3

A/V-았으면/었으면 좋겠다

가: 한국어를 잘했으면 좋겠어요.
나: 저도요.

가: 시험이 어려울 것 같아요.
나: 시험이 쉬웠으면 좋겠어요.

그림을 보고 말해 보세요.

빨리 봄이 왔으면 좋겠어요.

따뜻한 차를 마셨으면 좋겠어요.

날씨가 따뜻했으면 좋겠어요.

1)

2)

3)

4)

잘하다

활동 1 읽고 말하기

1. 여러분의 나라에서는 어떻게 음식을 배달시켜요?

2. 다음을 소리 내어 읽으세요. track 16

한국에서는 휴대폰 앱으로 음식을 주문할 수 있습니다. 저는 오늘 처음 휴대폰 앱으로 주문한 피자를 먹었습니다. 가게에 직접 가지 않고 주문할 수 있고 여러 가게의 음식 정보도 알 수 있었습니다. 그리고 다른 가게와 가격도 비교할 수 있고 주문한 음식이 언제 도착하는지 알 수 있었습니다. 휴대폰으로 결제도 할 수 있어서 매우 편리했습니다.

배달 앱을 자주 사용하면 가끔 할인 쿠폰도 주는데 티엔에게 20% 할인 쿠폰이 있었습니다. 그래서 싼 가격에 피자를 주문했습니다. 우리는 맛있는 피자를 먹으면서 영화도 봤습니다.

 발음해 볼까요?

- 직접[직쩝]
- 않고[안코]
- 주문할 수 있고[주문할 쑤 읻꼬]
- 도착하는지[도차카는지]
- 맛있는[마신는/마딘는]

3. 다음 질문에 답하세요.

1) 이 사람은 오늘 피자를 어떻게 주문했어요?

2) 이 글의 내용과 같은 것을 고르세요.
   ① 이 사람은 휴대폰 앱으로 자주 음식을 주문했습니다.
   ② 휴대폰 앱으로 음식 정보와 가격을 알 수 있습니다.
   ③ 티엔에게 10% 할인 쿠폰이 있었습니다.
   ④ 휴대폰 앱을 사용할 때마다 할인 쿠폰을 줍니다.

👉 배달시키다 직접 여러 결제 매우

활동 2 듣고 말하기

1. 여러분 나라에서는 전화나 앱으로 음식을 주문할 수 있어요?

2. 잘 듣고 질문에 답하세요. track 17

1) 남자가 음식을 주문한 지 얼마나 됐어요?

2) 음식 배달이 왜 늦어요?

3) 맞으면 ○, 틀리면 × 하세요.
   ① 남자의 전화번호는 010-1250-3478입니다.   (   )
   ② 남자는 치킨 한 마리를 주문했습니다.   (   )
   ③ 남자는 주문을 취소했습니다.   (   )

3. 무슨 음식을 배달시켜서 먹어 봤어요? 어떻게 배달시켰어요?

치킨 잠시 확인하다 손님 전화번호 아파트 동 호 경기 죄송하다 방금 늦다 취소하다

활동 3 쓰고 말하기

activity

'앱으로 주문하고 싶은 것'에 대해서 쓰고 발표해 보십시오.

저는 (　　　　　　)을/를 주문하고 싶습니다.

　　　　　　제가 주문한 (　　　　　　)을/를 빨리 받았으면 좋겠습니다.

활동 4 그림 보고 말하기

휴대폰 앱을 사용해서 음식을 주문해 보세요.

❶ 음식

❷ 음식점

❸ 메뉴

activity

❹ 장바구니

❺ 부탁해요

도착하면 전화해 주세요.

❻ 결제

☐ 카드
☐ 현금
☐ 계좌이체
☐ 휴대폰

주문 완료

04 주문

05

날씨

이런 날 외출해도 돼요?

🔊 track 18

대화

dialogue

토마스	찬영 씨, 날씨가 좋은데 마스크를 썼네요. 감기에 걸렸어요?
김찬영	아니요, 미세먼지가 많아서 마스크를 썼어요.
토마스	미세먼지요? 미세먼지가 뭐예요?
김찬영	미세먼지는 아주 작은 먼지예요. 요즘 미세먼지가 많아서 공기가 나빠졌어요.
토마스	아, 그래서 마스크를 썼군요. 미세먼지가 많을 때는 마스크를 꼭 써야 돼요?
김찬영	네, 건강에 좋지 않으니까 마스크를 쓰는 게 좋아요.
토마스	이런 날 외출해도 돼요?
김찬영	잠깐은 괜찮지만 밖에 오래 있으면 안 돼요.

☞ 마스크 쓰다 미세먼지 아주 먼지 아 잠깐 밖

어휘 및 표현 1

vocabulary

어휘 및 표현 2

vocabulary

공기 상태	미세먼지 농도(㎍/㎥·일)
좋음	0 ~ 30
보통	31 ~ 80
약간 나쁨	81 ~ 120
나쁨	121 ~ 200
매우 나쁨	201~

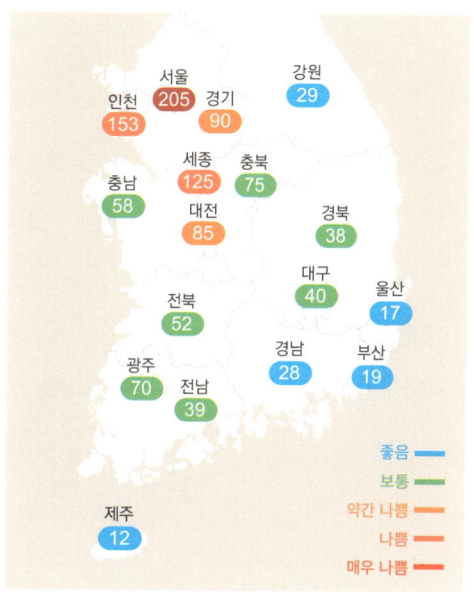

문법 1

A-아지다/어지다

가: 요즘 한국 날씨는 어때요?
나: 점점 더워져요.

가: 한국 생활이 어때요?
나: 처음에는 힘들었는데 이제는 익숙해졌어요.

그림을 보고 이야기해 보세요.

👉 점점 이제 건강하다 힘 세다 날씬하다 뚱뚱하다

문법 2

V-아도/어도 되다

가: 여기 앉아도 돼요?
나: 네, 앉아도 돼요.

가: 이 신발 한번 신어 봐도 돼요?
나: 네, 신어 보세요.

그림을 보고 이야기해 보세요.

보기

이 펜 써도 돼요?

네, 써도 돼요.

1)

2)

3)

4)

 앉다 한번 신다 쓰다

문법 3 grammar

V-(으)면 안 되다

가: 여기에 쓰레기를 버리면 안 됩니다.
나: 아, 죄송합니다.

가: 수업 시간에 음식을 먹어도 돼요?
나: 아니요, 음식을 먹으면 안 돼요.

그림을 보고 이야기해 보세요.

보기

여기서 담배를 피워도 돼요?
아니요, 여기에서 담배를 피우면 안 돼요.

1)

2)

3)

4)

 시간 주차하다 찍다

활동 1 읽고 말하기

1. 미세먼지가 많은 날에는 어떻게 해야 해요?

2. 다음을 소리 내어 읽으세요.  track 20

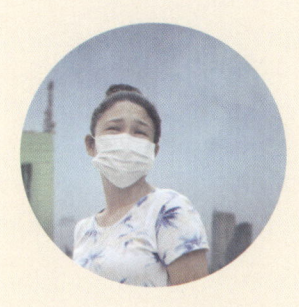

요즘 공기 상태가 '나쁨'인 날이 많습니다. 미세먼지가 많아서 공기가 점점 나빠지고 있습니다. 미세먼지는 아주 작은 먼지입니다. 아주 작아서 보이지 않습니다. 미세먼지는 대부분 공장이나 자동차에서 나오는 연기로 생깁니다. 우리가 숨을 쉴 때 몸속으로 들어옵니다. 그러면 기침이 나고 목과 눈이 아픕니다. 특히 아이나 노인, 임산부들은 조심해야 합니다. 미세먼지가 많은 날에는 외출하지 않는 것이 좋습니다. 또 물을 자주 마시는 것도 좋습니다.

발음해 볼까요?
- 많아서[마나서]
- 몸속[몸쏙]
- 특히[트키]
- 외출하지[웨출하지/외출하지]

3. 다음 질문에 답하세요.

1) 미세먼지는 어떻게 생겨요?

2) 이 글의 내용과 같은 것을 고르세요.
① 미세먼지가 많아서 요즘 공기 상태가 좋지 않습니다.
② 미세먼지는 아주 작지만 볼 수 있습니다.
③ 미세먼지가 많은 날에는 눈이 나빠집니다.
④ 미세먼지가 많으면 외출할 수 없습니다.

날 보이다 대부분 공장 자동차 나오다 연기 몸속 들어오다 목 노인 임산부 조심하다 또

활동 2 듣고 말하기

activity

1. 오늘 날씨가 어때요?

2. 잘 듣고 질문에 답하세요. track 21

1) 이 여자는 무엇을 이야기하고 있어요?

2) 오늘 미세먼지는 어때요?

3) 맞으면 ○, 틀리면 × 하세요.
　　① 현재 서울 기온은 7도입니다.　　　　(　)
　　② 현재 전국에 구름이 많이 꼈습니다.　(　)
　　③ 강원도와 제주에는 비가 내리겠습니다.　(　)

3. 여러분 나라의 요즘 날씨는 어때요? 친구와 이야기해 보세요.

무척　현재　도　떨어지다　갑자기　감기　전국　구름　끼다　밀리미터　강원도　찬바람　불다　외투

활동 3 쓰고 말하기

activity

다음 도시의 현재 날씨를 인터넷에서 찾아서 쓰고 발표해 보십시오.

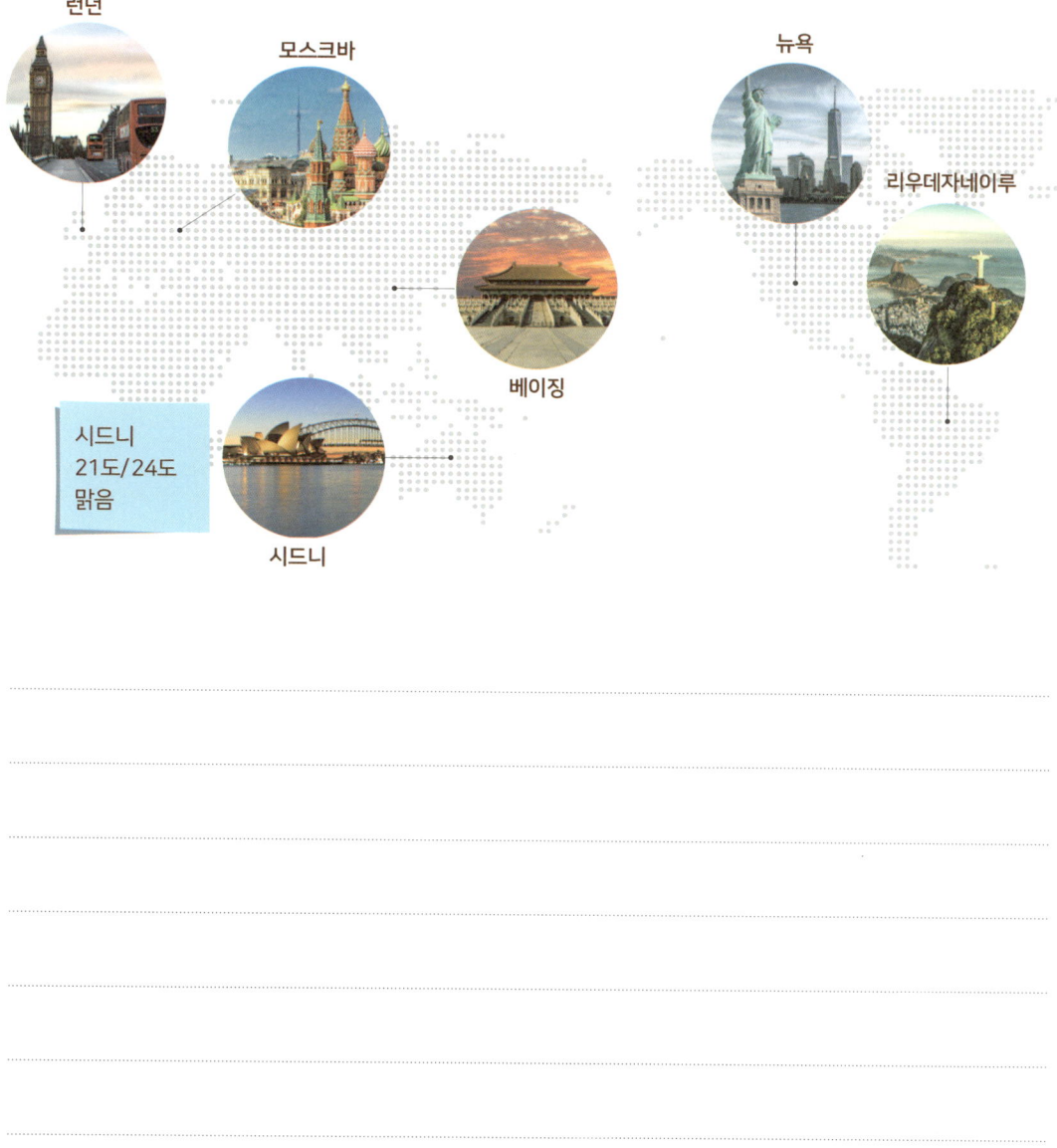

👉 최저 최고

활동 4 그림 보고 말하기

다음 그림을 보고 이야기해 보세요.

👆 실내 실외 널다

activity

05 날씨

06

맛집·여행

인터넷에서 보니까 유명한 맛집이었어요.

🔊 track 22

대화

dialogue

track 23

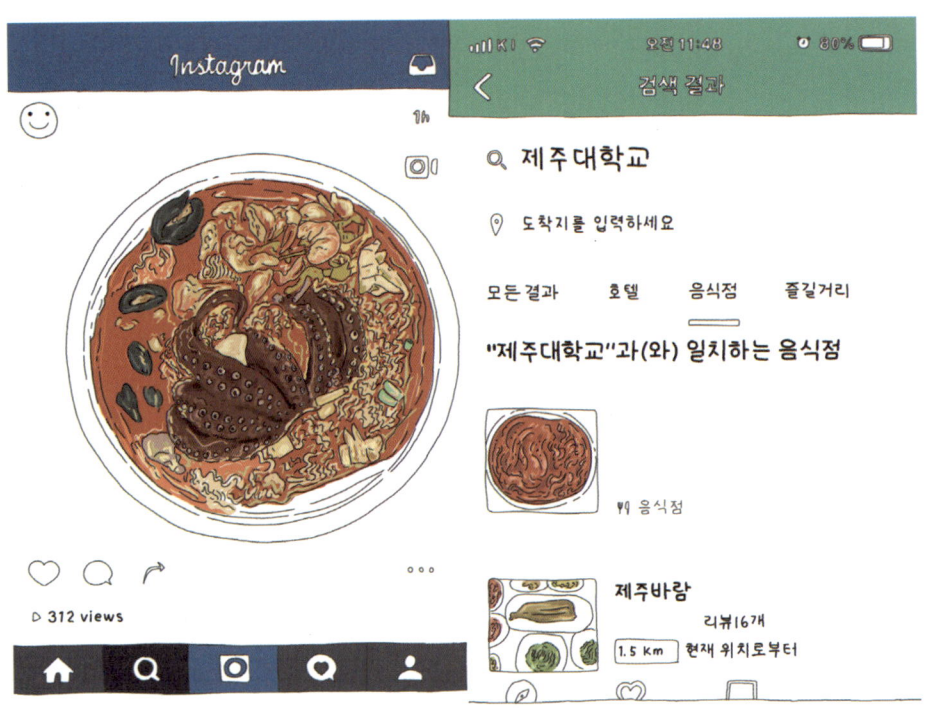

안드레이	아리온토야 씨, '내가 문어라면'에 가 본 적이 있어요?
아리온토야	네, 가 봤어요.
안드레이	오늘 거기에서 저녁을 먹을까 해요. 인터넷에서 보니까 유명한 맛집이었어요.
아리온토야	그 식당은 점심에만 문을 열어요.
안드레이	아, 정말요? 그건 몰랐어요.
아리온토야	그런데 저는 생각보다 별로였어요.
안드레이	그럼 다른 맛집을 알아요?
아리온토야	학교 근처에도 해물 라면이 맛있는 식당이 있어요. 거기에 한번 가 보세요.
안드레이	아리온토야 씨, 오늘 저녁에 같이 갈래요?
아리온토야	미안해요. 오늘은 약속이 있어요.

☞ 문어 생각 해물 라면

어휘 및 표현 1

vocabulary

먹거리	흑돼지구이	전복회	오메기떡
볼거리	박물관	오름	축제
즐길거리	올레길 걷기	귤 따기	말 타기

어휘 및 표현 2

vocabulary

중국 — 베이징카오야 北京烤鸭
베트남 — 퍼 phở
인도 — 카레 curry
일본 — 낫토 納豆
멕시코 — 타코 taco
이탈리아 — 파스타 pasta

문법 1

V-(으)ㄴ 적이 있다[없다]

가: 우도에 간 적이 있어요?
나: 아니요, 간 적이 없어요.

가: 한복을 입은 적이 있어요?
나: 네, 한 번 입어 봤어요.

그림을 보고 이야기해 보세요.

제주대학교 도서관에 간 적이 있어요?
네, 제주대학교 도서관에 가 봤어요.
도서관에서 책을 빌려 봤어요?
네, 빌린 적이 있어요.

1)

2)

3)

4)

문법 2

V-(으)ㄹ까 하다

가: 이번 연휴에 뭐 할 거예요?
나: 오랜만에 책을 한 권 읽을까 해요.

가: 점심을 먹으러 갈까 하는데 같이 갈래요?
나: 좋아요. 같이 가요.

그림을 보고 말해 보세요.

보기
수업이 끝나면 뭐 할 거예요?
기숙사에 가서 잘까 해요.
점심을 먹을까 해요.
마트에 장을 보러 갈까 해요.

1)

2)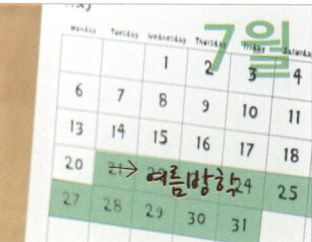

3)

4)

👆 이번 오랜만 장을 보다

문법 3

V-(으)니까

가: 전주에 가니까 한옥이 참 예뻤어요.
나: 저도 전주에 한번 가 보고 싶어요.

가: 해물탕 맛이 어땠어요?
나: 먹어 보니까 맵지 않고 맛있었어요.

그림을 보고 '-(으)니까'를 사용해서 재미있는 이야기를 만들어 보세요.

아침에 일어나니까 9시였어요.

친구들을 기다리다가 책상에서 잠이 들었어요.

👆 해물탕 맛 잠 들다 꿈

활동 1 읽고 말하기

1. 여러분은 어느 식당에 자주 가요?

2. 다음을 소리 내어 읽으세요. track 24

저는 오늘 아리온토야와 함께 저녁을 먹으러 가고 싶었습니다. 사실 저는 아리온토야를 좋아합니다. 하지만 아리온토야는 그것을 모릅니다. 인터넷에 찾아보니까 해물 라면 맛집이 있었습니다. 저는 아리온토야에게 "'내가 문어라면'에 가 본 적이 있어요? 저는 오늘 거기에서 저녁을 먹을까 해요." 하고 이야기를 했습니다. 아리온토야는 "그 식당은 점심에만 열어요. 맛도 별로고요." 하고 말했습니다. 그리고 다른 해물 라면집을 소개해 주었습니다. 그때 저는 용기를 내어 아리온토야에게 "아, 그럼 그 라면집에서 같이 저녁을 먹을래요?" 하고 말했습니다. 그러나 아리온토야는 이미 약속이 있었습니다. 그래서 혼자 저녁을 먹었습니다. 오늘은 슬픈 제 생일이었습니다.

발음해 볼까요?
- 좋아합니다[조아함니다]
- 인터넷에[인터네세]
- 찾아[차자]
- 맛집이[맏찌비]
- 약속이[약쏘기]
- 생일이었습니다[생이리연씀니다]

3. 다음 질문에 답하세요.

1) 이 사람은 누구와 저녁을 먹었어요?

2) 이 글의 내용과 같은 것을 고르세요.
   ① 이 사람은 오늘 '내가 문어라면'에서 저녁을 먹었습니다.
   ② 이 사람은 '내가 문어라면' 식당에 가 본 적이 없습니다.
   ③ '내가 문어라면'은 저녁에도 문을 엽니다.
   ④ 오늘은 아리온토야의 생일이었습니다.

저녁 사실 그것 점심 라면집 그때 용기 이미

활동 2 듣고 말하기

activity

1. 여러분이 알고 있는 한국의 축제가 있어요?

2. 잘 듣고 질문에 답하세요. 🔊 track 25

1) 여자는 무엇을 소개하고 있어요?

2) 맞으면 ○, 틀리면 × 하세요.
   ① 이 축제는 1년에 한 번 합니다.   (   )
   ② 이곳에 가면 노래 대회를 볼 수 있습니다.   (   )
   ③ 이곳에 가면 모든 체험을 무료로 할 수 있습니다. (   )

3. 여러분 나라에는 어떤 먹거리, 볼거리, 즐길 거리가 있어요? 친구와 이야기해 보세요.

👉 해녀 해마다 말 소라 잡다 바로 잊다 기간 입장 무료 대회 모든

활동 3 쓰고 말하기

여러분이 알고 있는 유명한 맛집이 있습니까? 그 식당은 어디에 있습니까? 그 식당에서 가장 맛있는 음식은 무엇입니까? '내가 알고 있는 맛집'에 대해서 쓰고 발표해 보십시오.

활동 4 그림 보고 말하기

다음 그림을 보고 이야기해 보세요.

activity

06 맛집·여행

07

편의시설

음식을 선택한 다음에 확인 버튼을 눌러.

🔊 track 26

대화

dialogue

track 27

고유나	알리한, 여기서 뭐 해?
알리한	식권을 사려고요. 그런데 어떻게 사야 하는지 모르겠어요.
고유나	아, 식권 사려고? 여기 화면에 메뉴가 보이지?
알리한	네, 여기에서 먹고 싶은 음식을 누르면 돼요?
고유나	응, 원하는 음식을 선택한 다음에 확인 버튼을 누르고, 카드나 현금으로 결제하면 돼. 그러면 식권이 나와.
알리한	그럼, 먼저 순두부찌개를 누르고……. 누나는 뭐 먹을래요? 제가 살게요.
고유나	그래? 그럼, 나도 순두부찌개. 아니, 잠깐만. 순두부찌개 말고 고기국수.
알리한	이렇게 눌러서 결제하면 되지요?
고유나	그래, 식권 가지고 들어가자. 밥 먹은 후에 커피는 내가 살게.
알리한	좋아요.

👆 식권 화면 응 원하다 선택하다 다음 확인 버튼 이렇게 결제하다 가지다

어휘 및 표현 1

vocabulary

자동 판매기

식권 발매기

영화 티켓 발매기

승차권 발매기

어휘 및 표현 2

vocabulary

고속버스 승차권 발매

현장 발권/온라인 예매 발권 ▶  출발지/도착지 ▶ 출발일/조회하기

좌석 선택/선택 완료 ▶  카드 결제 ▶ 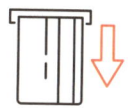 티켓 받기

문법 1

반말

가: 보통 몇 시에 일어나?
나: 8시에 일어나.

가: 동생은 고등학생이야?
나: 아니, 중학교에 다녀.

그림을 보고 이야기해 보세요.

보기

이건 뭐야?
맛이 어때?

점심에 뭐 먹을 거야?
김밥을 좋아해?
김밥을 먹어 봤어?

1)

2)

3)

4)

👉 반말 보통 동생 중학교 좋아하다

문법 2

V-(으)ㄴ 다음(에)

가: 숙제는 언제 해?
나: 보통 수업이 끝난 다음 바로 해.

가: 우리 저녁 먹은 다음에 산책할까?
나: 그래, 그러자.

그림을 보고 말해 보세요.

수업이 **끝난 다음에** 뭐 할 거예요?

수업이 **끝난 다음에** 밥 먹으러 식당에 갈 거예요.

식사

문법 3

N 말고

가: 우리는 라면 먹을 건데 너는 뭐 먹을래?
나: 나는 라면 말고 김밥 먹을래.

가: 커피는 따뜻한 것으로 드릴까요?
나: 아니요, 따뜻한 것 말고 차가운 것으로 주세요.

그림을 보고 이야기해 보세요.

보기
우리 피자 먹을까?
피자 말고 치킨 먹자.

1)

2)

3)

4)

 기르다 엘리베이터 계단

활동 1 읽고 말하기

activity

1. 무인 발매기는 어디에서 볼 수 있어요?

2. 다음을 소리 내어 읽으세요. track 28

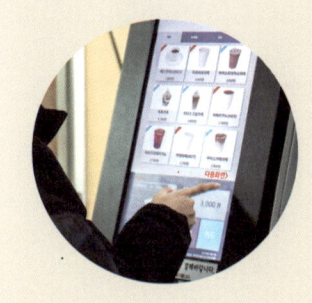

요즘은 가게에서 주문할 때 사람보다 무인 발매기를 더 많이 만나는 것 같습니다. 오늘 수업이 끝난 다음에 저는 이즈미와 함께 학생회관에 있는 커피숍에 갔습니다. 직원한테 주문을 하니까 직원이 웃으면서 "무인 발매기를 이용하세요." 하고 말했습니다. 직원이 손으로 가리키는 곳을 보니까 입구에 무인 발매기가 있었습니다. 그래서 저는 무인 발매기로 처음 커피를 주문해 보았습니다. 먼저 주스와 커피를 선택한 다음에 결제하고 284번 번호표를 받았습니다. 잠시 후에 전광판에 우리 번호가 보여서 음료를 가지러 갔습니다. 이즈미가 음료를 받으면서 직원에게 "저는 기계 말고 사람하고 이야기하고 싶어요." 하고 말해서 같이 웃었습니다.

발음해 볼까요?
· 끝난[끈난]
· 학생회관[학쌩훼관/학쌩회관]
· 입구에[입꾸에]
· 선택한[선태칸]
· 같이[가치]
· 웃었습니다[우섣씀니다]

3. 다음 질문에 답하세요.

1) 이 사람은 무인 발매기로 무엇을 주문했어요?

2) 이 글의 내용과 같은 것을 고르세요.
① 이 사람은 오늘 수업을 받기 전에 커피를 마셨습니다.
② 이 사람은 혼자 학생회관에 있는 커피숍에 갔습니다.
③ 이 사람과 이즈미는 처음 무인 발매기를 이용했습니다.
④ 커피숍 직원이 284번 번호를 불렀습니다.

👆 직원 웃다 말하다 가리키다 입구 번 번호표 전광판 기계 번호

활동 2 듣고 말하기

activity

1. 여러분 나라에서는 버스나 지하철 요금을 어떻게 내요?

2. 잘 듣고 질문에 답하세요. track 29

1) 여자는 무엇을 하려고 해요?

2) 맞으면 ○, 틀리면 × 하세요.
   ① 여자는 동대문역에서 김포공항역으로 가려고 합니다. (   )
   ② 여자는 카드로 결제했습니다. (   )
   ③ 여자는 무인 발매기를 사용할 줄 압니다. (   )

3. 여러분은 무인 발매기로 어떤 표를 사 봤어요?

요금   동대문   김포공항   역   거스름돈   나오다   표

활동 3 쓰고 말하기

무인 발매기를 사용했을 때 어떤 점이 좋았습니까? 어떤 점이 불편했습니까? '무인 발매기 사용 경험'에 대해서 쓰고 발표해 보십시오.

경험

활동 4 그림 보고 말하기

1. 다음 그림을 보고 이야기해 보세요.

👉 발권기 샐러드 와인

2. 다음 발매기로 영화 티켓을 사 보세요.

관 스크린 영화관

08

고장·분실

휴대폰이 안 켜져요.

🔊 track 30

대화

수리 기사	안녕하세요? 무엇을 도와 드릴까요?
티엔	휴대폰이 안 켜져서요.
수리 기사	혹시 휴대폰을 떨어뜨린 적이 있으신가요?
티엔	네, 오늘 아침에 휴대폰을 보다가 떨어뜨렸는데 그때부터 안 켜졌어요.
수리 기사	네, 알겠습니다. 잠시만 기다려 주십시오.
	(잠시 후)
수리 기사	고객님! 수리가 다 됐습니다. 기다려 주셔서 감사합니다.
티엔	무슨 문제가 있었나요?
수리 기사	휴대폰을 떨어뜨려서 그런지 연결선에 문제가 있었습니다. 수리비는 안 내셔도 됩니다.
티엔	와, 감사합니다. 이제부터는 사용할 때 조심해야겠어요. 안녕히 계세요.
수리 기사	네, 안녕히 가십시오.

수리 기사 켜지다 떨어뜨리다 고객 되다 감사하다 문제 연결선 수리비 와

어휘 및 표현 1   vocabulary

어휘 및 표현 2   vocabulary

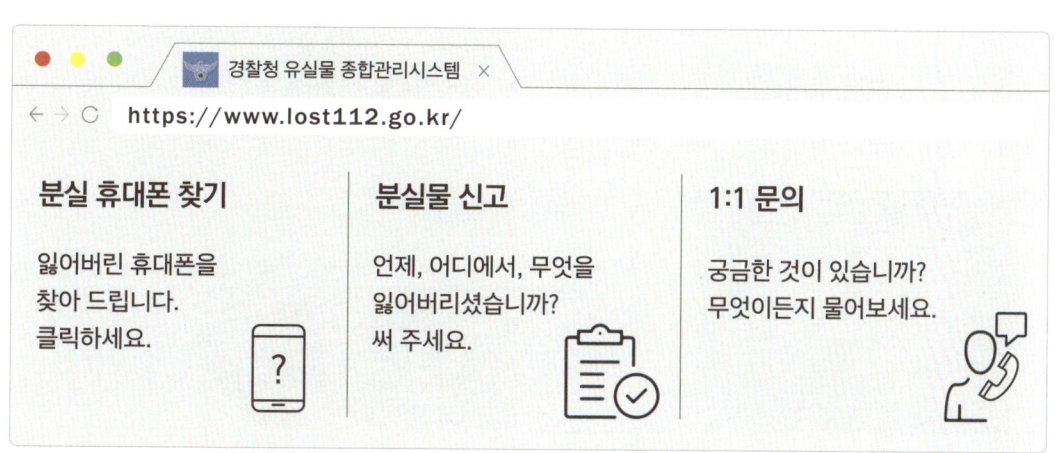

문법 1

A-(으)ㄴ가요?, V-나요?, N인가요?

가: 오늘도 미세먼지가 많은가요?
나: 아니요, 오늘은 아주 맑아요.

가: 식권을 어디에서 사나요?
나: 저기 발매기에서 뽑으면 돼요.

그림을 보고 이야기해 보세요.

이건 **무엇인가요**?
장구를 칠 줄 **아나요**?
어디에서 배울 수 **있나요**?
장구를 치는 것은 **어려운가요**?

 1)

2)

 3)

4)

문법 2

A/V-아서/어서 그런지

가: 감기약을 먹어서 그런지 좀 졸리네요.
나: 좀 쉬세요.

가: 사람이 정말 많네요.
나: 이 가게는 싸고 맛있어서 그런지 항상 사람이 많아요.

그림을 보고 말해 보세요.

퇴근 시간이어서 그런지 자동차가 많네요.

교통사고가 나서 그런지 길이 많이 막혀요.

1)

2)

3)

4)

👉 감기약 졸리다 복잡하다 교통사고 나다

문법 3

grammar

A/V-아야겠다/어야겠다

가: 오늘 손님이 많이 올 거예요.
나: 그래요? 그럼 음식을 더 준비해야겠어요.

가: 교실이 좀 어둡네요.
나: 그렇지요? 좀 더 밝아야겠어요.

그림을 보고 말해 보세요.

 보기

- 더 노력해야겠어요.
- 열심히 공부해야겠어요.
- 다음 시험을 잘 봐야겠어요.

1)

2)

3)

4)

👆 어둡다 밝다 열심히

활동 1 읽고 말하기

1. 휴대폰이 고장이 난 적이 있어요?

2. 다음을 소리 내어 읽으세요. 🔊 track 32

오늘 아침에 휴대폰을 보다가 바닥에 떨어뜨렸습니다. 깜짝 놀라서 급히 휴대폰을 주워서 보니까 화면이 안 보였습니다. 여러 번 시작 버튼을 눌렀지만 켜지지 않았습니다. 정말 속상했습니다. 수업이 끝난 다음에 바로 서비스 센터에 갔습니다. 오후 시간이어서 그런지 서비스 센터에 사람들이 많았습니다. 하지만 오래 기다리지 않고 내 순서가 되었습니다. 수리 기사님은 내 이야기를 듣고 휴대폰을 여기저기 자세히 봤습니다. 수리 시간은 10분 정도 걸렸습니다. 간단한 수리여서 수리비는 없었습니다. 휴대폰이 고장났을 때는 정말 속상했는데 생각보다 문제가 빨리 해결돼서 아주 기뻤습니다. 이제부터는 휴대폰을 사용할 때 조심해야겠습니다.

🗣 **발음해 볼까요?**
- 떨어뜨렸습니다[떠러뜨렫씀니다]
- 급히[그피]
- 시간이어서[시간이여서]
- 없었습니다[업썯씀니다]
- 속상했는데[속쌍핸는데]

3. 다음 질문에 답하세요.

1) 휴대폰이 왜 켜지지 않았어요?

2) 이 글의 내용과 같은 것을 고르세요.
    ① 서비스 센터에 가야 해서 수업에 못 갔습니다.
    ② 오전에 서비스 센터에는 사람이 많습니다.
    ③ 수리 시간은 오래 걸리지 않았습니다.
    ④ 수리비가 많이 들어서 속상했습니다.

👆 바닥 깜짝 놀라다 급히 번 시작 속상하다 서비스 센터 순서 여기저기 자세히 정도 간단하다 해결되다 들다

활동 2 듣고 말하기 activity

1. 물건을 잃어버린 적이 있어요?

2. 잘 듣고 질문에 답하세요. 🔊 track 33

1) 여자는 왜 경찰서에 전화했어요?

2) 맞으면 ○, 틀리면 × 하세요.
   ① 여자는 오전에 버스를 탔습니다.　　(　　)
   ② 지갑 안에 카드와 돈이 있었습니다.　(　　)
   ③ 여자의 지갑은 파란색입니다.　　　 (　　)

3. 여러분의 나라에서 물건을 잃어버리면 어떻게 해요? 친구와 이야기해 보세요.

👉 놓다 내리다 가죽 위안

활동 3 쓰고 말하기

activity

잃어버린 물건이 있었습니까? 언제, 어디에서 잃어버렸습니까? 그 물건을 찾았습니까? '잃어버린 물건'에 대해서 쓰고 발표해 보십시오.

활동 4 그림 보고 말하기

1. 다음 그림을 보고 잃어버린 물건에 대해서 이야기해 보세요.

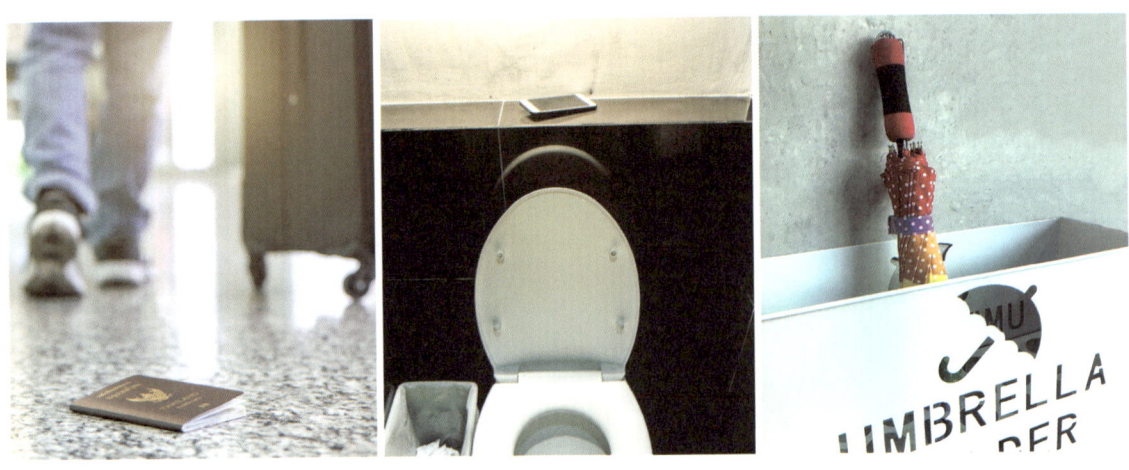

👆 모래   화장실

2. 다음 그림을 보고 이야기를 만들어 보세요.

잡다 트렁크

09

실수

커피를 들고 나오다가 쏟아 버렸어.

🔊 track 34

대화

아리온토야	이즈미, 무슨 일 있었어? 옷이 왜 그래?
이즈미	커피숍에서 커피를 들고 나오다가 쏟아 버렸어.
아리온토야	정말? 괜찮아? 안 다쳤어?
이즈미	좀 뜨거웠는데 다치지는 않았어. 그런데 나 때문에 알리한 옷도 더러워졌어.
아리온토야	그래? 그런데 알리한은 어디 갔어?
이즈미	몰라. 내가 사과했는데 받아 주지 않고 그냥 갔어.
아리온토야	알리한은 성격이 좋으니까 괜찮을 거야.
이즈미	아니야, 화가 많이 난 것 같아. 그 옷이 새 옷이었거든.
아리온토야	이따가 알리한한테 전화해 보는 게 어때?
이즈미	응, 전화해 볼게.

옷 그런데 사과하다 받다 그냥 성격 화 나다

어휘 및 표현 1

화가 나다
짜증이 나다

사과를 하다
사과를 받다

화가 풀리다
화해하다

어휘 및 표현 2

어? 무슨 일이세요?

아이고! 죄송합니다. 실례했습니다.

앗! 죄송합니다. 괜찮으세요?

괜찮습니다.

문법 1

A/V-기 때문에, N 때문에

가: 저는 매운 음식을 좋아하기 때문에 떡볶이를 자주 먹어요.
나: 그래요? 저는 매운 음식을 잘 못 먹는데요.

가: 축구 경기를 왜 안 해요?
나: 비 때문에 취소됐어요.

그림을 보고 말해 보세요.

 보기

회사 일이 많기 때문에 집에 못 가요.
회사 일 때문에 퇴근하지 못해요.

1)

2)

3)

4)

👉 취소되다 회사 일 퇴근하다

114 제대로 한국어 2

문법 2
V-아/어 버리다

가: 미소 씨, 애라 씨하고 싸웠어요?
나: 네, 너무 화가 나서 소리를 질러 버렸어요.

가: 왜 회의 준비를 다 못 했어요?
나: 너무 피곤해서 자 버렸어요.

그림을 보고 말해 보세요.

보기: 친구의 책을 가져와 버렸어요.

소리 지르다 회의 비밀

문법 3

A/V-거든요

가: 어디에 가요?
나: 공항에 가요. 부모님이 한국에 오시거든요.

가: 어제 왜 학교에 안 왔어요?
나: 이가 아파서 병원에 갔거든요.

그림을 보고 이야기해 보세요.

보기

예쁜 옷을 입었네요.
어제 샀거든요.
친구한테 선물 받았거든요.
남자친구랑 데이트를 할 거거든요.

1) 한국어를 잘하시네요.

2)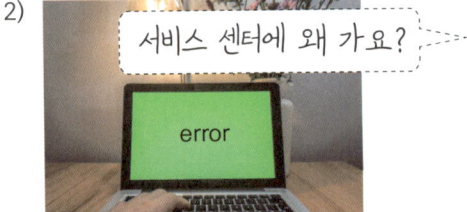
서비스 센터에 왜 가요?

3)
역사책이 정말 많네요.

4)
영화관에 사람이 많네요.

👉 부모님 이 데이트 역사책

활동 1 읽고 말하기

activity

1. 여러분은 다른 사람에게 음료수를 쏟은 적이 있어요?

2. 다음을 소리 내어 읽으세요. track 36

저는 오늘 알리한과 같이 점심을 먹은 후에 커피숍에 갔습니다. 우리는 커피 두 잔을 주문했습니다. 잠시 후 주문한 커피가 나왔습니다. 그런데 제가 커피를 들고 나오다가 다른 손님과 부딪쳐서 커피를 쏟아 버렸습니다. 커피가 뜨거웠지만 다치지는 않았습니다. 그런데 저와 알리한의 옷이 더러워졌습니다. 알리한의 옷은 소개팅을 할 때 입으려고 산 새 옷이었습니다. 그래서 알리한이 화가 많이 났습니다. 저는 알리한에게 사과했지만 알리한은 그냥 갔습니다. 저는 화가 난 알리한 때문에 걱정입니다. 그래서 이따가 알리한에게 전화를 해서 다시 사과하려고 합니다.

 발음해 볼까요?

· 부딪쳐서[부딛쳐서]
· 쏟아[쏘다]
· 입으려고[이브려고]
· 걱정입니다[걱쩡임니다]

3. 다음 질문에 답하세요.

1) 알리한은 왜 화가 났어요?

2) 이 글의 내용과 같은 것을 고르세요.

① 이 사람과 알리한은 차가운 커피를 주문했습니다.
② 이 사람과 알리한은 오늘 커피숍에서 처음 만났습니다.
③ 이 사람은 알리한에게 다시 사과를 할 겁니다.
④ 뜨거운 커피 때문에 알리한이 다쳤습니다.

👆 부딪치다 소개팅 걱정 다시

활동 2 듣고 말하기

activity

1. 여러분은 실수한 적이 있어요?

2. 잘 듣고 질문에 답하세요. track 37

1) 이즈미는 알리한에게 왜 전화했어요?

2) 맞으면 ○, 틀리면 × 하세요.
　① 알리한은 이즈미 때문에 화가 많이 났습니다.　(　)
　② 알리한은 오후에 수업이 있었습니다.　(　)
　③ 알리한은 옷을 직접 빨았습니다.　(　)

3. 실수했을 때 어떻게 사과했어요? 친구와 이야기해 보세요.

실수하다　아까　갈아입다　세탁소　맡기다　깨끗이　지우다　다행　빨다

활동 3 쓰고 말하기

가장 기억에 남는 실수는 무엇입니까? 그때 어떻게 사과했습니까? 그 실수가 가장 기억에 남는 이유는 무엇입니까? '기억에 남는 실수'에 대해서 쓰고 발표해 보십시오.

기억 남다 실수 이유

활동 4 그림 보고 말하기

1. 다음 그림을 보고 이야기해 보세요.

밟다 치다

2. 다음 장소에서 어떤 실수를 할 수 있어요? 이야기해 보세요.

장소

10

요청·허락

죄송한데요, 수업 중에 나가야 할 것 같아요.

🔊 track 38

대화

안드레이	저, 선생님.
선생님	네, 무슨 일이에요? 안드레이 씨.
안드레이	죄송한데요, 오늘 4교시 수업 중에 나가야 할 것 같아요.
선생님	수업하는 중에요? 왜요? 무슨 일이 있어요?
안드레이	고향 친구들이 오는데 1시에 공항에 도착한다고 해요.
선생님	아, 그래요? 친구들이 오는군요.
안드레이	친구들이 한국말을 전혀 몰라요. 그래서 제가 공항에 가기로 했어요.
선생님	수업 중에 나가면 안 돼요. 3교시가 끝나고 쉬는 시간에 가세요. 숙제는 에밀리 씨한테 전달하라고 할게요.
안드레이	알겠습니다. 감사합니다.

나가다 교시 고향 전달하다

어휘 및 표현 1　　　　　　　　　　　　　　　　　　　　　　　vocabulary

<수업 시간표>

교시	시간	과목
1	9:00~ 9:50	듣기
쉬는 시간		
2	10:00~10:50	말하기
쉬는 시간		
3	11:00~11:50	읽기
쉬는 시간		
4	12:00~12:50	쓰기

출석을 부르다, 지각하다, 조퇴하다, 결석하다, 수업을 받다

어휘 및 표현 2　　　　　　　　　　　　　　　　　　　　　　　vocabulary

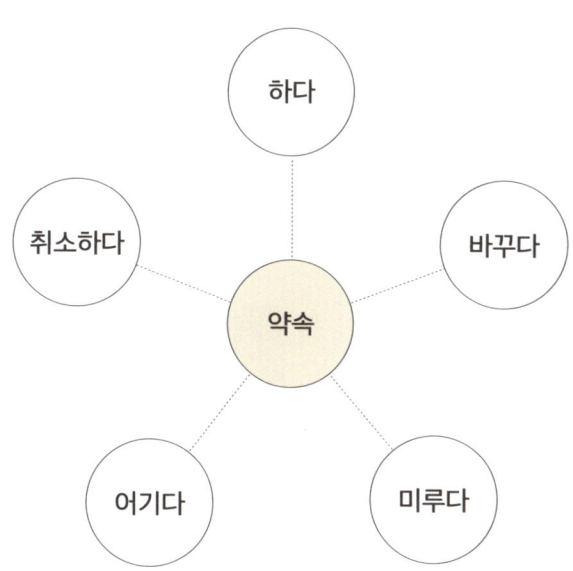

약속 - 하다, 바꾸다, 미루다, 어기다, 취소하다

10 요청·허락

문법 1

V-는 중, N 중

가: 여기에서 뭐 해요?
나: 친구를 기다리는 중이에요.

가: 왜 이렇게 안 와? 지금 몇 시인지 알아?
나: 미안해, 지금 가고 있어. 운전 중이니까 나중에 전화할게.

그림을 보고 이야기해 보세요.

지금 뭐 하고 있어요?

숙제를 하는 중이에요.

1)

2)

3)

4)

지금 나중

문법 2

V-기로 하다

가: 이번 토요일에 약속 있어요?
나: 네, 친구랑 함께 영화를 보기로 했어요.

가: 언제 이사를 가요?
나: 이번 주 금요일에 가기로 했어요.

그림을 보고 이야기해 보세요.

보기 …… 이번 여름방학 때 뭐 할 거예요?

친구들과 함께 여행을 가기로 했어요.

1) 어디로 여행을 가요? 2) 누구와 같이 가요?
3) 언제 출발해요? 4) 언제 돌아와요?

 이사 동창

문법 3

A-다고, V-ㄴ다고/는다고, N(이)라고 하다

가: 아까 미소 씨가 뭐라고 했어요?
나: 약속이 있어서 먼저 간다고 했어요.

가: 토마스 씨가 왜 학교에 안 와요?
나: 머리가 아프다고 했어요. 그래서 못 온다고 했어요.

> **더 알아볼까요?**
> - A/V-냐고, N(이)냐고 하다
> - V-자고 하다
> - V-(으)라고 하다

그림을 보고 이야기해 보세요.

보기
- 선생님이 뭐라고 말해요?
- 선생님이 쉬는 시간이라고 해요. 10분 쉬라고 해요.

 머리 마중

활동 1 읽고 말하기

1. 갑자기 일이 생겨서 수업 중에 나가야 해요. 선생님께 뭐라고 말해요?

2. 다음을 소리 내어 읽으세요. track 40

오늘 초등학교 때 친구들이 제주도로 여행을 옵니다. 친구들이 공항에 1시에 도착한다고 하는데 수업이 1시에 끝납니다. 친구들과의 약속을 지키려면 한국어 수업 중에 나가야 합니다. 그래서 선생님께 4교시 수업 중에 나가도 되냐고 물었습니다. 선생님은 놀란 얼굴로 왜 수업 중에 나가냐고 물었습니다. 고향 친구들이 1시에 도착하는데 한국말을 전혀 몰라서 제가 마중 가기로 했다고 말했습니다. 선생님은 수업 중에 나가면 안 된다고 했습니다. 하지만 3교시가 끝나고 쉬는 시간에 가도 좋다고 했습니다. 그래서 저는 3교시가 끝난 후에 선생님께 인사를 하고 교실을 나왔습니다. 저는 지금 공항으로 가는 중입니다. 친구들을 빨리 보고 싶습니다.

발음해 볼까요?
- 초등학교[초등학꾜]
- 친구들이[친구드리]
- 도착한다고[도차칸다고]
- 물었습니다[무럳씀니다]
- 좋다고[조타고]

3. 다음 질문에 답하세요.

1) 이 사람은 왜 공항에 가야 해요?

2) 이 글의 내용과 같은 것을 고르세요.
 ① 중학교 때 친구들이 제주도로 여행을 옵니다.
 ② 친구들은 1시에 공항에 도착합니다.
 ③ 이 사람은 4교시 수업 중에 나갈 겁니다.
 ④ 친구들은 한국말을 조금 할 줄 압니다.

얼굴 인사 한국말

활동 2 듣고 말하기

1. 친구에게 부탁을 한 적이 있어요? 어떤 부탁을 했어요?

2. 잘 듣고 질문에 답하세요. track 41

1) 안드레이는 토마스에게 왜 전화했어요?

2) 맞으면 ○, 틀리면 × 하세요.
　① 안드레이는 쓰기 공책을 교실에 두고 나왔습니다.　(　)
　② 토마스는 기숙사 불을 끄지 않고 나와 버렸습니다.　(　)
　③ 안드레이는 지금 학교 기숙사에 있습니다.　(　)

3. 여러분은 친구의 부탁을 들어준 적이 있어요? 어떤 부탁을 들어주었어요? 친구와 이야기해 보세요.

부탁　들어주다　두다　가지　방　기숙사　불　어휴

활동 3 쓰고 말하기

activity

갑자기 일이 생겨서 친구와의 약속을 지키지 못합니다. 친구에게 약속을 취소하는 메시지를 쓰고 발표해 보십시오.

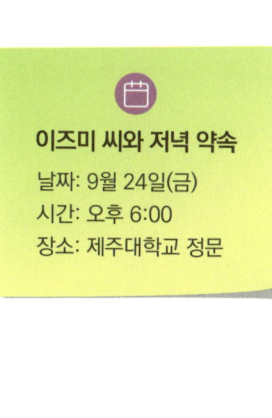

활동 4 그림 보고 말하기

1. 식당 예약을 취소하는 대화를 해 보세요.

손님 사장님

식당 이름: **레몬트리**
예약 날짜: **2020년 5월 3일**
예약 시간: **오후 6시**
예약 인원: **4명**
취소 이유:

식당 이름: **데스티노**
예약 날짜: **2020년 7월 9일**
예약 시간: **오전 11시**
예약 인원: **6명**
취소 이유:

2. 반말로 친구와의 약속을 바꾸는 대화를 해 보세요.

날짜: 2020년 5월 7일 ········▶　　월　　일
시간: 오전 10시 ············▶　　시
장소: 제주대학교 정문 ········▶
이유:

날짜: 2020년 10월 3일 ········▶　　월　　일
시간: 오후 3시 ············▶　　시
장소: 사탕벅스 ············▶
이유:

11

불평불만

요즘 룸메이트 때문에 잠을 잘 못 자.

🔊 track 42

대화

왕밍밍   아, 졸려. 요즘 룸메이트 때문에 잠을 잘 못 자.
이즈미   그래, 너 많이 피곤해 보여. 그런데 룸메이트가 왜?
왕밍밍   밤마다 전화 통화를 해서 잘 수가 없어.
이즈미   좀 조용히 해 달라고 했어?
왕밍밍   아니, 아직 말하지 못했어.
이즈미   룸메이트는 네가 불편한지 알아?
왕밍밍   아니, 잘 모르는 것 같아.
             어제는 전화 통화를 하고 나서 큰 소리로 음악도 들었어.
이즈미   같이 쓰는 방인데 너무하네.
왕밍밍   그냥 기숙사 사무실에 가서 방을 바꿔 달라고 말해야겠어.
이즈미   그러지 말고 둘이 한번 얘기해 봐.

👉 너   통화   조용히   너무하다

어휘 및 표현 1

vocabulary

코를 골다

늦은 시간에 게임을 하다

아침에 화장실을 오래 사용하다

청소를 하지 않아서 더럽다

냄새가 나다

뒷정리를 하지 않다

어휘 및 표현 2

vocabulary

문제가 생기다

스트레스를 받다

스트레스를 풀다

고민을 하다

오해를 하다

오해를 풀다

문법 1

A-아/어 보이다

가: 와, 베이징카오야예요? 맛있어 보여요.
나: 한번 먹어 보세요. 정말 맛있어요.

가: 진향 씨, 그 가방이 무거워 보여요.
나: 네, 좀 같이 들어 주세요.

그림을 보고 말해 보세요.

이 여자 아이가 똑똑해 보여요.

이 여자 아이가 행복해 보여요.

이 여자 아이가 기분이 좋아 보여요.

1)

2)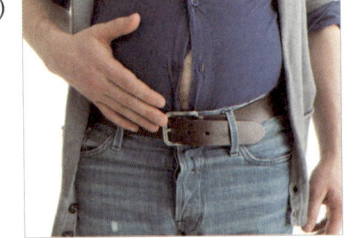

3)

4)

👆 똑똑하다

문법 2

V-아/어 달라고 하다

가: 부모님께 용돈 좀 보내 달라고 했어요.
나: 벌써 용돈을 다 썼어요?

가: 밍밍, 선생님께서 전화해 달라고 하셨어.
나: 그래? 말해 줘서 고마워.

그림을 보고 이야기해 보세요.

보기: 찬영 씨, 지우개 좀 빌려 주세요.
유나가 찬영에게 뭐라고 하나요?
유나가 찬영에게 지우개 좀 빌려 달라고 해요.

1)
"찬영 씨, 창문 좀 닫아 주세요."

2)
"찬영 씨, 이 문제 좀 가르쳐 주세요."

3)
"찬영 씨, 전화번호 좀 알려 주세요."

4) "찬영 씨, 저도 그 물 좀 주세요."

용돈 쓰다 께서

문법 3

V-고 나서

가: 이 약은 언제 먹으면 돼요?
나: 식사를 하고 나서 30분 후에 드세요.

가: 호텔은 예약했어요?
나: 아니요, 비행기 표를 예매하고 나서 예약하려고요.

그림을 보고 말해 보세요.

한국에 오고 나서 한국어를 배웠어요.

1)

2)

3)

4)

드라이기　머리카락　말리다

활동 1 읽고 말하기

1. 다른 사람과 함께 살아 본 적이 있어요? 함께 살면서 불편한 것은 없었어요?

2. 다음을 소리 내어 읽으세요. track 44

왕밍밍은 요즘 룸메이트 때문에 잠을 잘 못 자서 많이 피곤합니다. 그 친구가 매일 밤 남자친구와 오랫동안 통화하기 때문입니다. 조용히 해 달라고 말하고 싶지만 아직 말하지 못했습니다. 그래서 룸메이트는 왕밍밍이 불편한 것을 모릅니다. 어젯밤에는 전화 통화를 하고 나서 큰 소리로 음악도 들었습니다. 오늘 아침에는 샤워를 너무 오래 해서 왕밍밍은 화장실에도 갈 수 없었습니다. 오늘 왕밍밍은 처음으로 수업 시간에 늦었습니다. 수업 중에는 너무 졸려서 수업을 잘 듣지도 못했습니다. 룸메이트 때문에 화가 많이 난 왕밍밍은 오늘 사무실에 가서 방을 바꿔 달라고 말하려고 합니다.

발음해 볼까요?
- 오랫동안[오랟똥안/오래똥안]
- 어젯밤에는[어제빠메는/어젣빠메는]
- 음악도[으막또]
- 듣지도[듣찌도]

3. 다음 질문에 답하세요.

1) 왕밍밍은 왜 화가 났어요?

2) 이 글의 내용과 같은 것을 고르세요.
① 왕밍밍은 요즘 잠을 잘 자지 못해서 피곤합니다.
② 왕밍밍의 룸메이트는 왕밍밍이 힘든 것을 모릅니다.
③ 왕밍밍은 오늘 수업 시간에 지각하지 않았습니다.
④ 왕밍밍은 방을 바꿔 달라고 사무실 선생님에게 말했습니다.

오랫동안 어젯밤

활동 2 듣고 말하기

1. 기숙사에서 생활할 때 무엇을 하면 안 돼요?

2. 잘 듣고 질문에 답하세요. track 45

1) 남자는 무엇을 이야기하고 있어요?

2) 맞으면 ○, 틀리면 × 하세요.
   ① 새벽 1시 이후에도 기숙사에 들어갈 수 있습니다.   (   )
   ② 기숙사에서는 세탁기를 사용하면 안 됩니다.   (   )
   ③ 휴게실 TV 소리 때문에 학생들이 잠을 잘 자지 못합니다. (   )

3. '기숙사에서 지켜야 할 규칙'을 이야기해 보세요.

이후 반드시 세탁기 목소리 시끄럽다 서로 생각하다

활동 3 쓰고 말하기

activity

도서관, 식당, 영화관 등을 이용할 때 다른 사람 때문에 기분이 안 좋은 적이 있었습니까? '같이 이용하는 곳에서 주의해야 할 점'에 대해서 쓰고 발표해 보십시오.

주의하다

활동 4 그림 보고 말하기

다음 그림을 보고 이야기해 보세요.

12

문제 해결

소리가 좀 컸구나. 미안해.

🔊 track 46

대화

왕밍밍　　저, 에밀리. 잠깐 시간 있어?
에밀리　　응, 무슨 일이야?
왕밍밍　　요즘 네가 새벽까지 영화를 보잖아. 그 소리 때문에 잠을 자기가 힘들어.
에밀리　　아, 소리가 좀 컸구나. 미안해.
왕밍밍　　나는 일찍 자는 편이야. 그런데 요즘 잘 못 자니까 하루 종일 피곤해.
에밀리　　그랬구나. 소리를 좀 줄일게.
왕밍밍　　그리고 늦은 밤에 통화하는 것도…….
에밀리　　고향 사람들과 통화하려면 시차 때문에 어쩔 수 없어. 그건 이해해 줘.
왕밍밍　　잠깐은 괜찮은데 너무 오랫동안 통화하지 않았으면 좋겠어.
에밀리　　그래. 앞으로 조심하도록 할게.

앞　줄이다　종일

어휘 및 표현 1

vocabulary

청소할 때
- 청소 횟수를 정해요.
- 대청소 날을 정해요.
- 내 물건을 정리해요.

잘 때
- 알람 횟수를 정해요.
- 늦게 들어올 때는 연락해요.

함께 사용하는 물건을 살 때
- 같이 돈을 내서 사요.

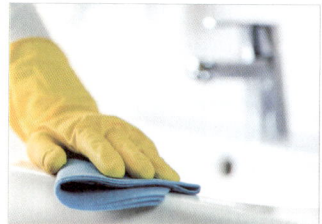

욕실을 사용할 때
- 샤워 후에는 물기를 닦아요.
- 배수구 머리카락을 치워요.

친구의 물건을 사용할 때
- 먼저 말을 해요.

어휘 및 표현 2

vocabulary

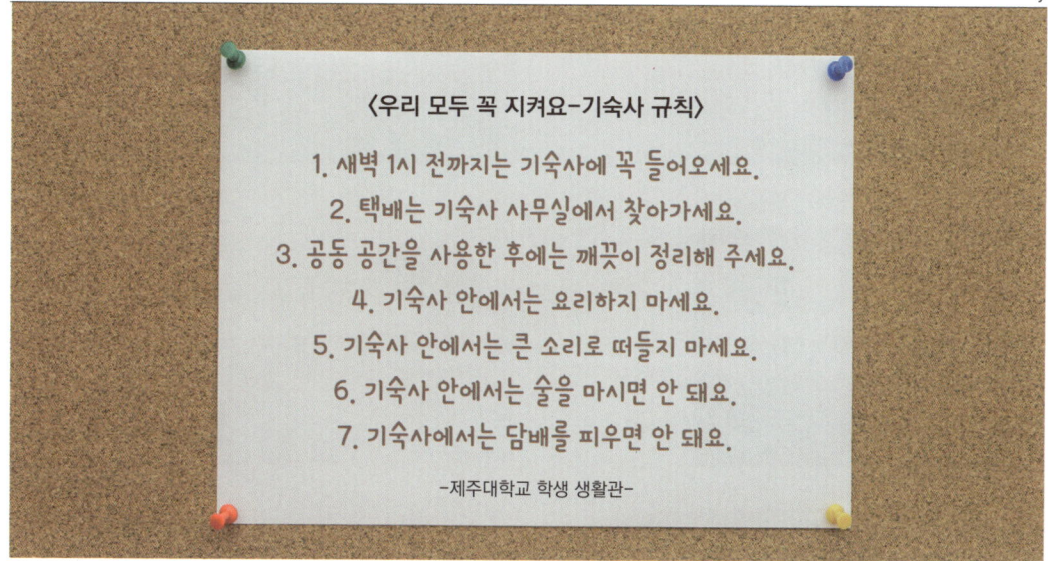

〈우리 모두 꼭 지켜요-기숙사 규칙〉

1. 새벽 1시 전까지는 기숙사에 꼭 들어오세요.
2. 택배는 기숙사 사무실에서 찾아가세요.
3. 공동 공간을 사용한 후에는 깨끗이 정리해 주세요.
4. 기숙사 안에서는 요리하지 마세요.
5. 기숙사 안에서는 큰 소리로 떠들지 마세요.
6. 기숙사 안에서는 술을 마시면 안 돼요.
7. 기숙사에서는 담배를 피우면 안 돼요.

-제주대학교 학생 생활관-

문법 1

V-기(가)

가: 피아노를 배우기가 어려워요?
나: 아니요, 배우기 쉬워요.

가: 이가 아파서 음식을 먹기 힘들어요.
나: 치과에 가는 게 어때요?

그림을 보고 말해 보세요.

날씨가 더워서 자기가 힘들어요.

여름이어서 수영하기 좋아요.

1)
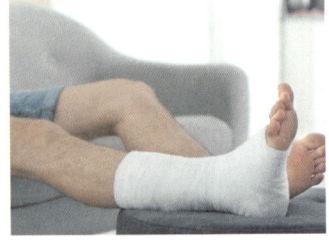

2)

3)

4)

다리 뉴스

문법 2

A-(으)ㄴ, V-는 편이다

가: 이번 시험은 어땠어요?
나: 지난 시험보다 쉬운 편이었어요.

가: 밤에 늦게 자요?
나: 아니요, 저는 일찍 자는 편이에요.

그림을 보고 이야기해 보세요.

매운 음식을 잘 먹어요?
네, 잘 먹는 편이에요.
아니요, 잘 먹지 않는 편이에요.

1)

2)

3)

4)

👉 지난 늦게

문법 3
V-도록 하다

가: 선생님, 숙제는 언제까지 내요?
나: 금요일까지 내도록 하세요.

가: 김 대리, 발표 자료 다 만들었어요?
나: 아직요. 오늘 6시까지 만들도록 하겠습니다.

그림을 보고 말해 보세요.

보기

열심히 공부하도록 하세요.

열심히 공부하도록 할게요.

1)

2)

3)

4)

📌 대리 발표 자료

활동 1 읽고 말하기

1. 룸메이트가 나의 행동 때문에 불편하다고 말한 적이 있어요?

2. 다음을 소리 내어 읽으세요. track 48

왕밍밍과 저는 기숙사에서 같이 삽니다. 우리는 1급 때부터 친해서 룸메이트가 되었을 때 정말 기뻤습니다. 그런데 같이 살면서 생활 습관이 많이 다른 것을 알았습니다. 왕밍밍은 일찍 자고 일찍 일어나는 편이고 조용한 것을 좋아합니다. 그래서 방에서 지내는 시간이 많습니다. 저는 늦게 자는 편이고 기숙사에 있는 것보다는 친구들과 같이 놀러 다니는 것을 좋아합니다. 밤에 기숙사에 돌아와서 숙제를 하고, 한국 드라마나 영화를 보면서 한국어 공부를 합니다. 그리고 고향에 있는 가족과 통화를 합니다. 그런데 어젯밤에 왕밍밍이 내가 영화를 보거나 전화하는 소리 때문에 잠을 자기가 힘들다고 말했습니다. 저는 일부러 그런 것이 아니었기 때문에 깜짝 놀랐습니다. 그래서 미안하다고 말했습니다. 앞으로는 친구와 규칙을 만들어서 서로 지키는 게 좋을 것 같습니다.

3. 다음 질문에 답하세요.

1) 이 사람은 왕밍밍에게 왜 미안하다고 말했어요?

2) 이 글의 내용과 같은 것을 고르세요.
   ① 이 사람과 왕밍밍은 1급 때부터 같은 방에서 살았습니다.
   ② 이 사람과 왕밍밍은 생활 습관이 같지 않습니다.
   ③ 왕밍밍은 방에서 큰 소리로 영화를 봤습니다.
   ④ 왕밍밍은 이 사람과 기숙사 규칙을 만들었습니다.

발음해 볼까요?
- 알았습니다[아랃씀니다]
- 것보다는[걷뽀다는]
- 아니었기[아니엳끼]
- 앞으로는[아프로는]

친하다 습관 조용하다 지내다 놀다 일부러

활동 2 듣고 말하기

1. 친구와 같이 살면서 생기는 문제점을 어떻게 해결했어요?

2. 잘 듣고 질문에 답하세요. track 49

1) 두 사람은 무엇에 대해 이야기하고 있어요?

2) 맞으면 ○, 틀리면 × 하세요.
   ① 안드레이는 일찍 자는 편이고 토마스는 늦게 자는 편입니다. (   )
   ② 두 사람은 밤에 통화를 하지 않습니다. (   )
   ③ 두 사람은 화장실 휴지와 비누를 따로 쓸 것입니다. (   )

3. 나와 생활 습관이 다른 친구가 룸메이트가 되었어요. 어떻게 하겠어요? 이야기해 보세요.

문제점 휴지 따로 짐

활동 3 쓰고 말하기

activity

다른 사람과 방을 함께 쓸 때 불편한 점은 무엇입니까? 그때 어떻게 해결하면 좋습니까? '다른 사람과 방을 쓸 때 불편한 점과 해결하는 방법'에 대해서 쓰고 발표해 보십시오.

👆 해결하다

활동 4 그림 보고 말하기

1. 여러분의 하루 시간표를 완성해 보세요.

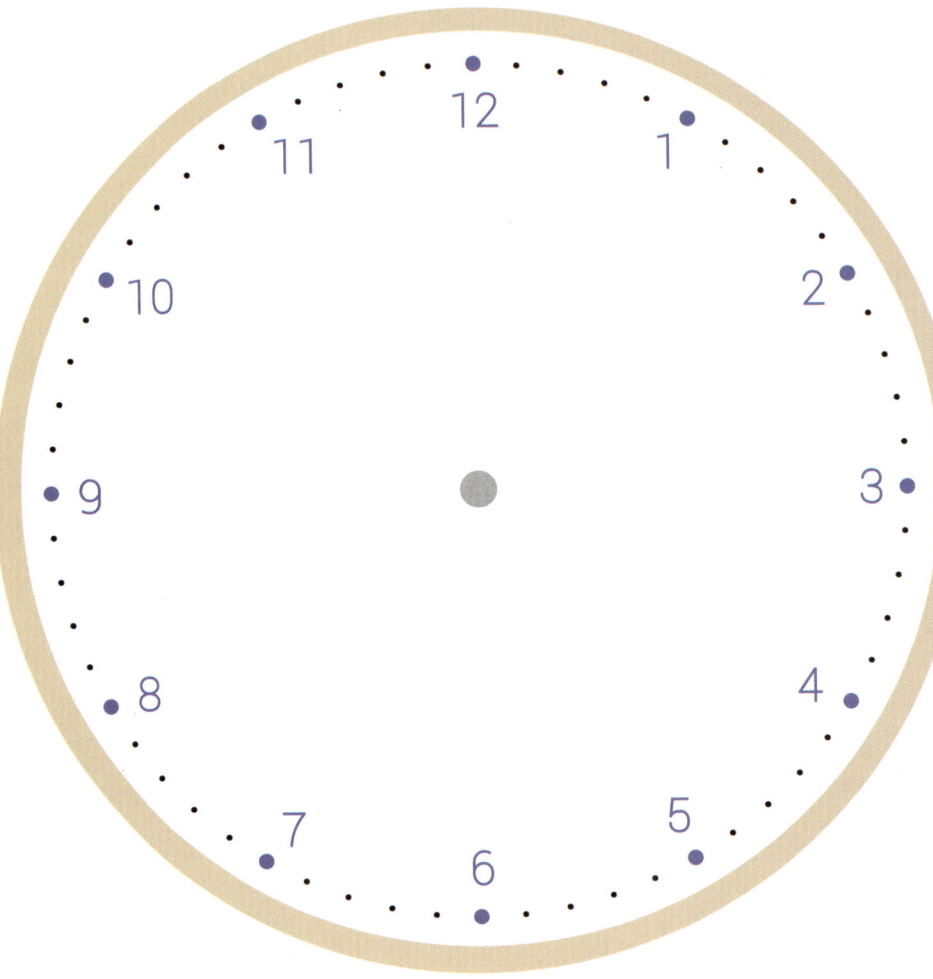

👉 완성하다

activity

2. 옆 친구와 룸메이트가 되어서 같이 방을 쓸 때의 규칙을 만들어 보세요.

청소할 때

잘 때

함께 사용하는 물건을 살 때

욕실을 사용할 때

친구의 물건을 사용할 때

13

정보

언어 교환 친구를 찾아보는 게 어때요?

🔊 track 50

언어 교환 친구를 찾습니다.

-교환 언어: 한국어/영어

-만나는 시간: 매주 수요일 저녁 7시~9시

-만나는 장소: 제주대학교 학생생활관 휴게실

-연락처: 010-1234-1234

-이메일: emily@jejunu.ac.kr

대화

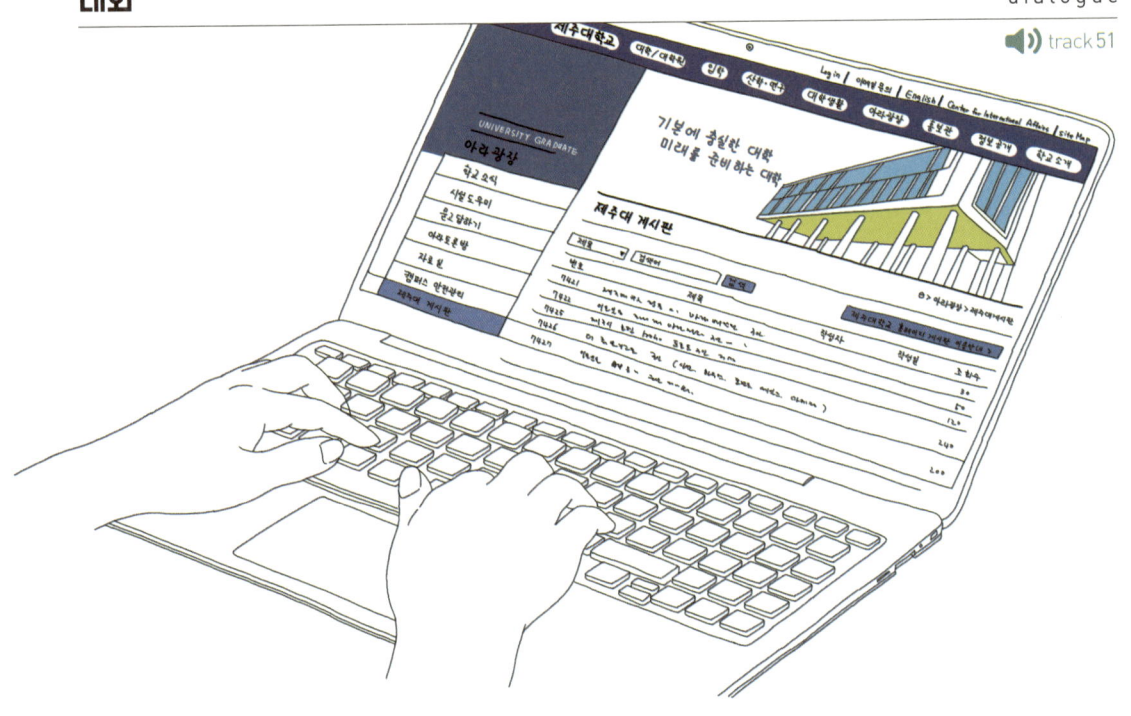

에밀리	말하기 성적이 안 좋아서 걱정이에요.
티엔	한국 친구하고 자주 만나서 이야기해 보세요.
에밀리	저는 한국 친구가 없어요.
티엔	언어 교환 친구를 찾아보는 게 어때요? 외국어를 배우려는 학생들이 많으니까요.
에밀리	학생회관 게시판에 글을 써 가지고 붙일까요?
티엔	학생회관에 붙이는 대신에 제주대 게시판에 써 보세요.
에밀리	제주대 게시판이요?
티엔	네, 학교 홈페이지에서 아라광장을 클릭하면 제주대 게시판이 나와요. 거기에 글을 올려 보세요.
에밀리	그런데 저는 컴퓨터로 한국어를 치는 것이 서툴러요.
티엔	제가 도와줄 테니까 같이 해 봐요.

성적 붙이다 광장 올리다 서투르다

어휘 및 표현 1

vocabulary

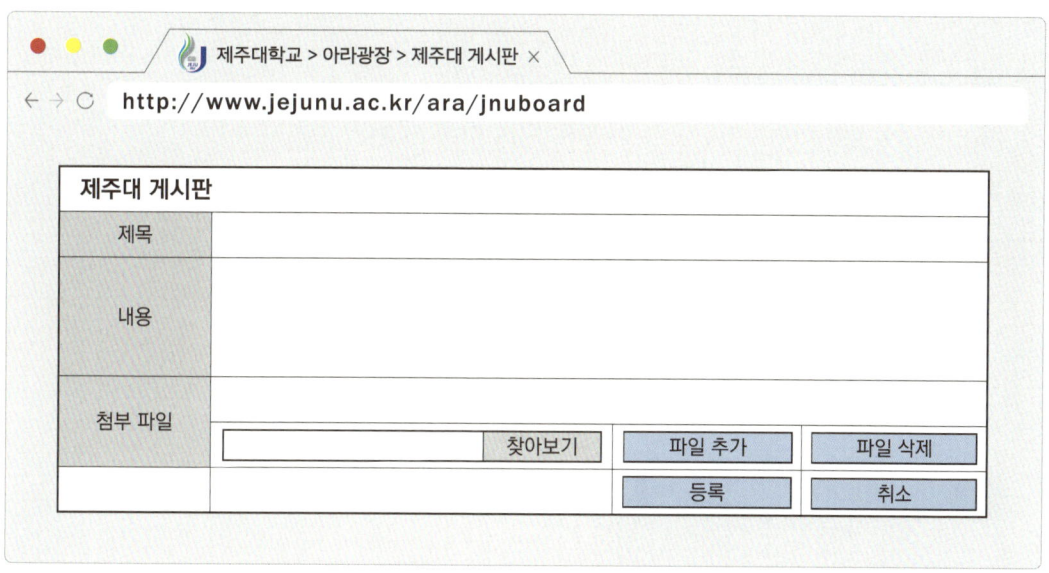

어휘 및 표현 2

vocabulary

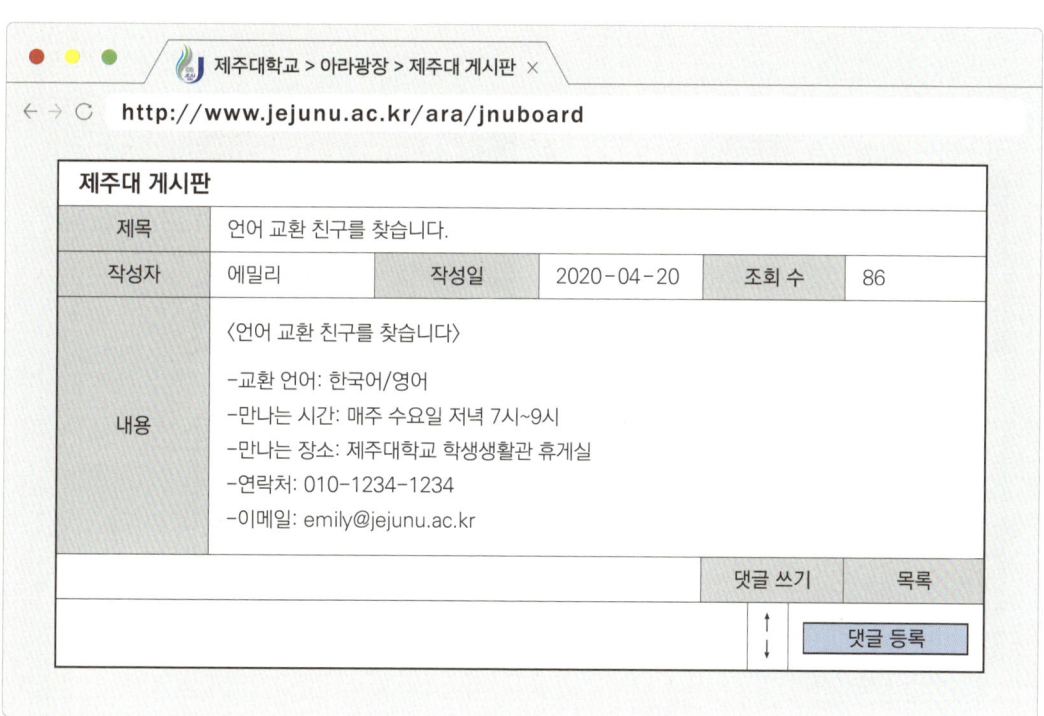

문법 1

V-아/어 가지고

가: 무슨 음식을 만들 거예요?
나: 빵하고 치즈를 사 가지고 샌드위치를 만들려고 해요.

가: 내일까지 숙제를 꼭 해 가지고 오세요.
나: 네, 알겠습니다.

그림을 보고 말해 보세요.

 보기

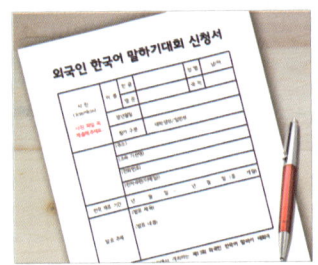

신청서를 써 가지고 사무실에 낼 거예요.

신청서를 써 가지고 선생님께 드려요.

신청서를 써 가지고 사무실에 냈어요.

1)

2)

3)

4)

 치즈 샌드위치

문법 2

V-는 대신(에), N 대신(에)

가: 아침 먹고 왔어요?
나: 아니요, 시간이 없어서 밥 대신 우유만 한 잔 마시고 왔어요.

가: 친구하고 싸웠는데 친구가 화가 많이 났어요. 전화를 안 받아요.
나: 전화하는 대신에 편지를 써 보세요.

그림을 보고 말해 보세요.

제임스가 다리를 다쳐서 제임스 대신 조단이 경기에 나왔어요.

1)

2)

3)

4)

 아침 편지

문법 3

A/V-(으)ㄹ 테니까

가: 저는 청소기를 돌릴 테니까 은주 씨는 세탁기를 돌려 주세요.
나: 네, 알겠어요.

가: 커피가 뜨거울 테니까 천천히 드세요.
나: 네, 고맙습니다.

그림을 보고 이야기해 보세요.

보기1

제가 떡볶이를 만들 테니까 티엔 씨는 쌀국수를 만드세요.

제가 떡볶이를 만들 테니까 티엔 씨는 테이블을 정리해 주세요.

제가 떡볶이를 만들 테니까 티엔 씨는 설거지를 해 주세요.

보기2

오후에 비가 올 테니까 외출하지 마세요.

오후에 비가 올 테니까 세차하지 마세요.

오후에 비가 올 테니까 우산을 가지고 가세요.

1)

2)

1)

2)

 청소기 돌리다 천천히 쌀국수 테이블 설거지 세차하다

활동 1 읽고 말하기

activity

1. 우리 학교 홈페이지에 들어가 본 적이 있어요? 거기에서 무엇을 할 수 있는지 알아요?

2. 다음을 소리 내어 읽으세요. 🔊 track 52

우리 학교 홈페이지에 있는 게시판을 알고 있습니까? 게시판에서는 여러 가지 정보를 얻을 수 있어서 아주 편리합니다. 사거나 팔고 싶은 물건이 있으면 게시판에 올릴 수 있습니다. 또한 여기에서 방도 구할 수 있고 아르바이트도 찾을 수 있습니다. 외국어를 가르치고 싶거나 언어 교환을 하고 싶은 학생들도 직접 종이에 써서 붙이는 대신에 여기에 올리면 됩니다. 이것 말고도 우리 학교 홈페이지에서는 많은 것을 할 수 있습니다. 학교 안에 있는 시설을 알아볼 수 있고 학교의 새로운 소식을 바로 볼 수 있습니다. 중앙도서관을 클릭하면 도서관에 있는 책도 검색할 수 있습니다. 그리고 기숙사에 살고 싶으면 여기에서 신청할 수도 있습니다. 이렇게 학교 홈페이지에서는 다양한 것을 볼 수도 있고 할 수도 있으니까 한번 들어가서 이용해 보세요!

발음해 볼까요?
- 계십니까[게심니까/계심니까]
- 붙이는[부치는]
- 클릭하면[클리카면]
- 검색할 수[검새칼 쑤]

3. 다음 질문에 답하세요.

1) 무엇을 소개하고 있어요?

2) 이 글의 내용과 같은 것을 고르세요.
   ① 학교 홈페이지에서 학교 시설을 찾을 수 있습니다.
   ② 기숙사를 신청하려면 게시판에 올려야 합니다.
   ③ 생활과 관계가 있는 정보를 게시판에 올리면 안 됩니다.
   ④ 학교 홈페이지 게시판에서는 물건을 팔 수 없습니다.

👆 들어가다 얻다 시설 또한 구하다 종이 알아보다 새롭다 소식 중앙 신청하다 관계

활동 2 듣고 말하기   activity

1. 여러분은 어디에서 정보를 찾아요?

2. 잘 듣고 질문에 답하세요. 🔊 track 53

1) 지금 두 사람은 무엇을 하고 있어요?

2) 맞으면 ○, 틀리면 × 하세요.
   ① 오늘까지 기숙사를 신청해야 해요.　　　　　　(　　)
   ② 제주대학교 홈페이지에서 기숙사를 신청할 수 있어요.　(　　)
   ③ 내가 살고 싶은 기숙사를 직접 선택할 수 있어요.　(　　)

3. 학교 홈페이지에서 무엇을 할 수 있어요? 친구와 이야기해 보세요.

👉 하영드리미　아이디(ID)

활동 3 쓰고 말하기

activity

다음에서 게시판에 쓰고 싶은 제목을 고른 후 '게시판에 올리고 싶은 글'에 대해서 쓰고 발표해 보십시오.

☐ 언어 교환 친구를 찾아요.
☐ 아르바이트를 하고 싶어요.
☐ 노트북을 사고 싶어요.
☐ 책을 팔고 싶어요.

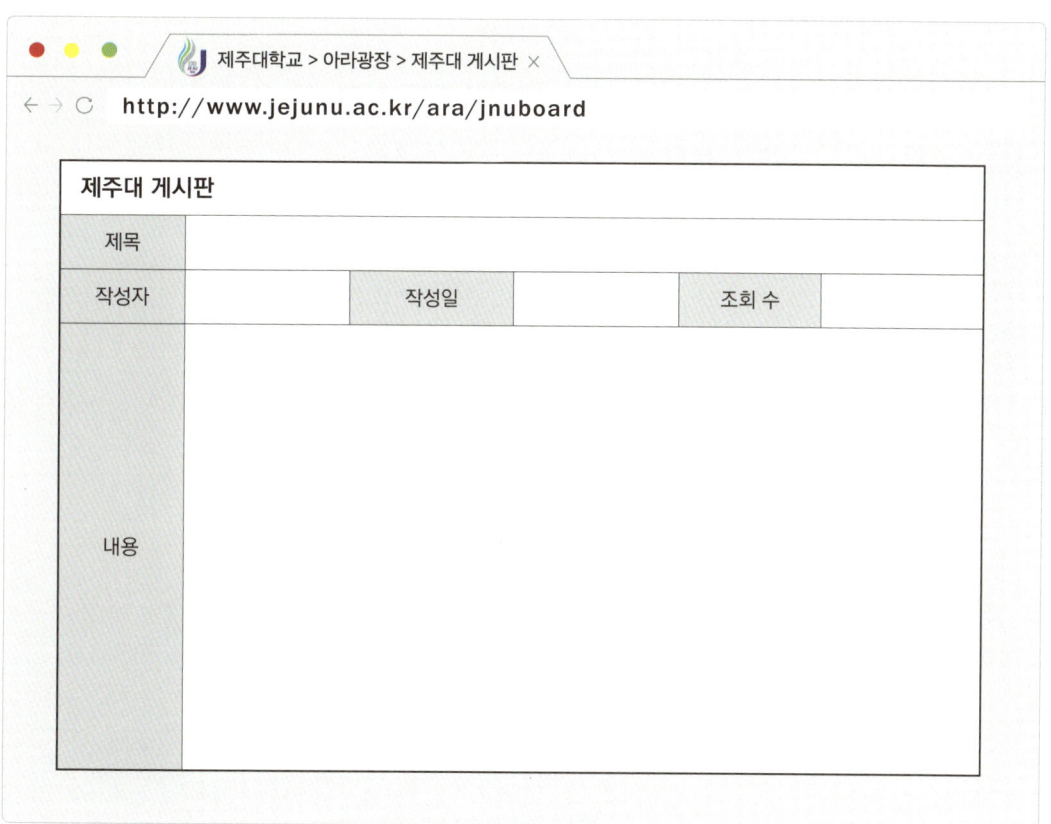

☞ 아르바이트

활동 4 그림 보고 말하기

다음의 게시판을 보고 하고 싶은 아르바이트와 살고 싶은 집을 찾아 보세요.

제목	CS편의점 아르바이트생 구합니다.				
작성자	김민	작성일	2020-01-06	조회 수	58

☆ 장소: 시청 버스정류장 앞 CS편의점
☆ 요일: 월요일~금요일
☆ 시간: 18시~22시
☆ 시급: 8,600원
☆ 궁금한 것은 전화로 물어보세요!
　010-345-6789

제목	BR아이스크림 주말 아르바이트생 구해요.				
작성자	정지희	작성일	2020-01-07	조회 수	102

☆ 장소: 제주대학교 정문 아이스크림 가게
☆ 요일: 토요일~일요일
☆ 시간: 10시~19시
☆ 시급: 8,800원
☆ 연락처: 064-123-4567

제목	제주공항 커피숍 아르바이트생 구합니다.				
작성자	고한라	작성일	2020-01-07	조회 수	22

☆ 장소: 제주공항 커피숍
☆ 요일: 화요일~목요일
☆ 시간: 14시~20시
☆ 시급: 9,000원
☆ 궁금한 것은 전화로 물어보세요!
　010-987-6543

제목	연동 빵집 주말 저녁 아르바이트생 구해요.				
작성자	고기범	작성일	2020-01-08	조회 수	230

☆ 장소: 연동 빵집
☆ 요일: 주말
☆ 시간: 18시~23시
☆ 시급: 10,020원
☆ 연락처: 010-120-3400

제목	원룸 임대해요.				
작성자	조한욱	작성일	2020-01-06	조회 수	35

★위치: 제주대학교 후문
★임대료: 월 45만 원, 보증금 200만 원
★버스 정류장과 가까워요.
★관리비: 4만 2천 원
★주의 사항
  1) 반려동물 키우면 안 돼요!
  2) 실내 금연!

제목	깨끗한 원룸 임대합니다.				
작성자	박재일	작성일	2020-01-08	조회 수	88

★위치: 제주시 연동
★임대료: 월 38만 원, 보증금 150만 원
★버스 정류장과 가까워요.
★관리비: 5만 원

제목	원룸 임대합니다.				
작성자	김금숙	작성일	2020-01-09	조회 수	250

★집: 원룸-방과 거실은 따로 있습니다!
★위치: 제주 시청
★임대료: 월 55만 원, 보증금 300만 원
★버스 정류장까지 5분 걸려요.
★관리비: 5만 원
★주의 사항: 반려동물 키우면 안 돼요!

제목	위치 좋은 방 임대합니다.				
작성자	유진우	작성일	2020-01-06	조회 수	45

★집: 방 2개 , 거실
★위치: 제주시 이마트 근처
★임대료: 월 70만 원, 보증금 500만 원
★버스 정류장과 5분 거리,
  근처에 이마트, 동문시장, 중앙지하상가가 있어요!
★관리비: 5만 원

14

공공기관

출입국·외국인청에 가서 연장하면 돼요.

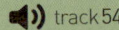 track 54

대화

직원   기욤 씨, 다음 달에 비자 기간이 끝나는 거 알아요?
기욤   그래요? 몰랐어요. 어떻게 해야 돼요?
직원   출입국·외국인청에 가서 연장하면 돼요.
기욤   비자 연장을 해 본 적이 없어서 잘 몰라요. 뭐가 필요해요?
직원   여권이랑 성적 증명서랑 재학 증명서를 가지고 가세요.
         안내문을 줄 테니까 한번 읽어 보세요.
기욤   음, 준비할 것이 많네요. 신청서도 필요하네요.
직원   신청서는 여기에도 있어요. 신청서에다가 이름과 주소를 정확하게 쓰세요.
기욤   신청할 때 수수료도 내야 하지요?
직원   네, 그럼요.
기욤   오늘 수업이 끝나자마자 가서 신청할게요. 고맙습니다.

비자(VISA) 출입국·외국인청 연장하다 증명서 재학 안내문 정확하다

어휘 및 표현 1　　　　　　　　　　　　　　　　　　　　　　vocabulary

통합신청서(신고서)

[　] 외국인 등록
　　 ALIEN REGISTRATION

[　] 등록증 재발급
　　 REISSUANCE OF REGISTRATION CARD

[　] 체류 기간 연장 허가
　　 EXTENSION OF SOJOURN PERIOD

성명 Name In Full	성 Surname		명 Given names		漢字姓名	성별 Gender	[　]남 M [　]여 F
생년월일 또는 외국인 등록 번호 Date of Birth or Alien Registration No. (If any)	년 Year	월 Month	일 Day	외국인 등록 번호 후단 Registration No.		국적 Nationality / Others	
여권 번호 Passport No.		여권 발급 일자 Passport Issue Date			여권 유효 기간 Passport Expiry Date		
대한민국 내 주소 Address In Korea							
전화 번호 Telephone No.				휴대 전화 Cell phone No.			
신청일 Date of application				신청인 서명 또는 인 Signature/Seal			

어휘 및 표현 2　　　　　　　　　　　　　　　　　　　　　　vocabulary

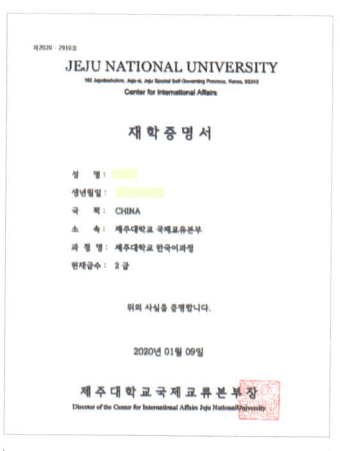

재학 증명서

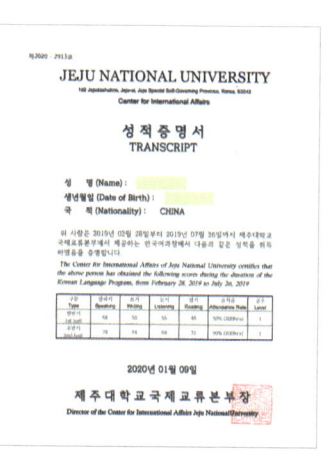

성적 증명서

수료 증명서

문법 1

N에다가

가: 어디에 서명해야 돼요?
나: 여기에다가 하세요.

가: 언어 교환 친구를 찾고 싶어요.
나: 학교 게시판에다가 글을 올려 보세요.

그림을 보고 말해 보세요.

커피에다가 설탕을 넣었어요.

커피에다가 소금을 넣어 주세요.

1)

2)

3)

4)

 서명하다 글

문법 2

A-게

가: 요즘 어떻게 지내요?
나: 바쁘게 지내요.

가: 선생님, 글씨가 잘 안 보여요. 크게 써 주세요.
나: 네, 알겠어요.

그림을 보고 말해 보세요.

잭슨 씨가 재미있게 이야기해요.

잭슨 씨가 재미있게 이야기해서 친구들이 모두 웃어요.

1)

2)

3)

4)

 글씨

문법 3

V-자마자

가: 서울에 도착하자마자 전화해.
나: 응, 전화할게.

가: 은주 씨는 취직했어요?
나: 네, 졸업하자마자 취직했어요.

그림을 보고 말해 보세요.

보기

일어나자마자 휴대폰을 봐요.
일어나자마자 세수했어요.
일어나자마자 학교에 갈 거예요.

1)

2)

3)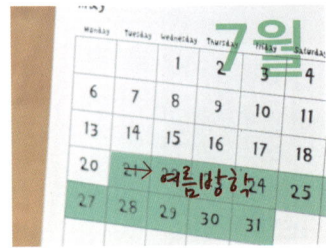

4)

 취직하다 졸업하다

활동 1 읽고 말하기

1. 여러분은 출입국·외국인청에 가 본 적이 있어요? 거기에 왜 갔어요?

2. 다음을 소리 내어 읽으세요. track 56

기욤은 한국에 온 지 5개월이 지났습니다. 오늘 사무실 선생님이 기욤에게 비자 기간을 연장해야 한다고 말했습니다. 그런데 기욤은 비자를 연장해 본 적이 없어서 어떻게 해야 하는지 잘 몰랐습니다. 선생님은 비자 연장을 하려면 출입국·외국인청에 가야 한다고 말했습니다. 그리고 비자를 연장할 때 필요한 서류를 말해 주었습니다. 여권, 성적 증명서, 재학 증명서, 비자 연장 신청서 등 준비해야 할 것이 아주 많았습니다. 그런데 비자 연장 신청서는 우리 학교 사무실에도 있어서 먼저 신청서를 작성했습니다. 기욤은 오늘 수업이 끝나자마자 출입국·외국인청에 가서 비자 연장을 신청할 겁니다.

3. 다음 질문에 답하세요.

1) 기욤은 오늘 어디에 가야 해요?

2) 이 글의 내용과 같은 것을 고르세요.
① 기욤은 여섯 달 전에 한국에 왔습니다.
② 기욤은 사무실에서 신청서를 썼습니다.
③ 기욤은 전에 비자 연장을 한 적이 있습니다.
④ 비자를 연장할 때 신청서만 있으면 됩니다.

발음해 볼까요?
· 필요한[피료한]
· 여권[여꿘]
· 작성했습니다[작썽핻씀니다]
· 끝나자마자[끈나자마자]
· 신청할 겁니다[신청할 껌니다]

필요하다 서류

활동 2 듣고 말하기

activity

1. 외국에 나가기 전에 어떤 서류를 준비해요?

2. 잘 듣고 질문에 답하세요. 🔊 track 57

1) 기욤은 여기에 뭐 하러 왔어요?

2) 맞으면 ○, 틀리면 × 하세요.
   ① 기욤은 미리 신청서를 쓰고 왔습니다.   ( )
   ② 비자 기간 연장 수수료는 5만 원입니다. ( )
   ③ 인터넷으로도 비자 기간을 연장할 수 있습니다. ( )

3. 여러분은 어디에 가서 비자를 받았어요? 처음 비자를 받을 때 무엇이 필요해요?
   친구와 이야기해 보세요.

👆 금방   하이코리아(Hi Korea)   미리

다음은 비자 기간 연장 신청서입니다. 신청서를 완성해 보십시오.

활동 4 그림 보고 말하기

다음 그림을 보고 이야기해 보세요.

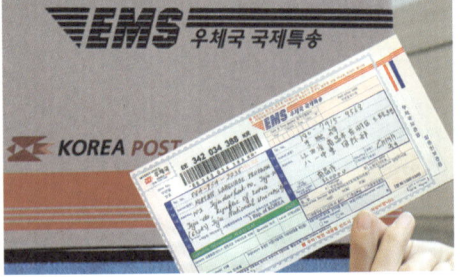

activity

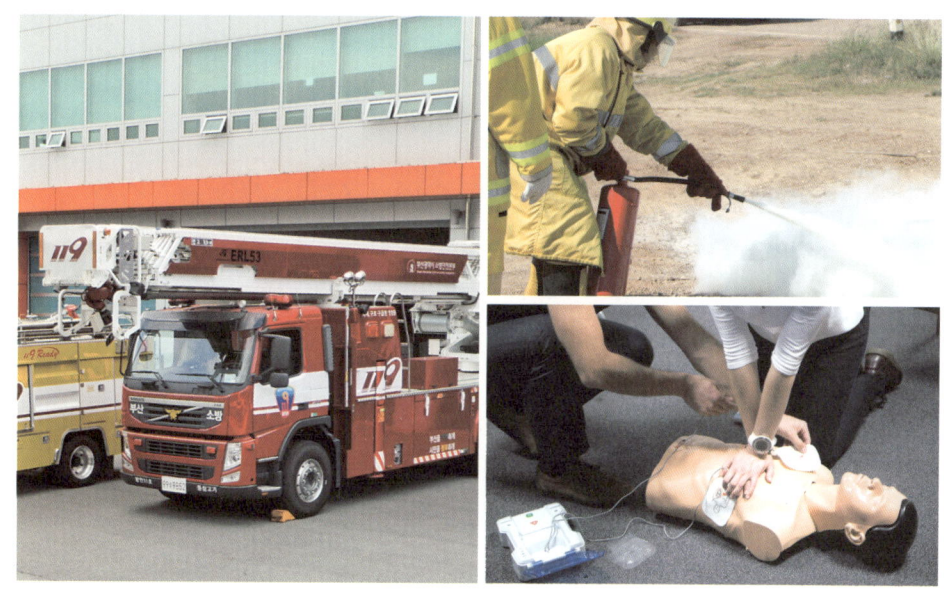

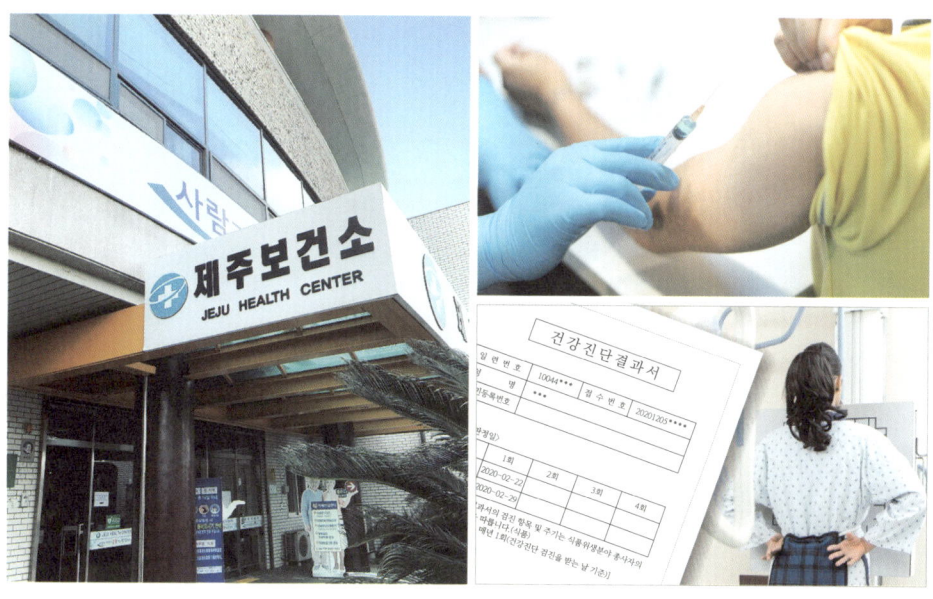

소방서 소화기 심폐 소생술 예방 접종

14 공공기관

15

계획

부모님과 같이 오름에 가 보고 싶어요.

track 58

대화

안드레이: 페르난도 씨, 이번 방학에 고향에 갈 거예요?
페르난도: 아니요, 제주도에 있으려고요. 칠레에서 부모님이 오시거든요.
안드레이: 그래요? 부모님하고 뭐 할 거예요?
페르난도: 부모님이 여기에 계시는 동안 같이 오름에 가 보고 싶어요. 제주도에는 아름다운 오름이 많잖아요.
안드레이: 맞아요. 저는 지난 방학에 사라오름에 갔는데 참 좋았어요.
페르난도: 사라오름이요?
안드레이: 한라산 정상 근처에 있는 오름이에요. 그래서 제주도를 한눈에 다 볼 수 있어요.
페르난도: 정말요? 꼭 가 볼게요. 안드레이 씨는 방학 때 뭐 해요?
안드레이: 아르바이트를 하려고요. 그런데 찾을 수 있을지 모르겠어요.
페르난도: 방학 때는 아르바이트생을 구하는 곳이 많다고 해요. 걱정하지 마세요.

정상 한눈 때 걱정하다

어휘 및 표현 1

vocabulary

어휘 및 표현 2

vocabulary

여행지를 정하다
여행 계획을 세우다
2박 3일

지도를 보다
차를 빌리다
호텔에서 묵다

문법 1

V-는 동안

가: 알리한 씨는 차가 막혀서 조금 늦게 도착한다고 해요.
나: 그래요? 그럼 기다리는 동안 커피를 마시고 있을까요?

가: 회의하는 동안 전화기는 꺼 주십시오.
나: 네, 알겠습니다.

그림을 보고 말해 보세요.

보기: 유나가 도서관에서 책을 읽는 동안 밍밍은 기숙사에서 잤어요.

회의하다 전화기

문법 2

A/V-잖아요

가: 병걸 씨는 친구들이 참 많은 것 같아요.
나: 성격이 좋잖아요.

가: 우리 이제 헤어지자. 다른 사람이 생겼어.
나: 갑자기 무슨 말이야? 나만 사랑하겠다고 약속했잖아.

그림을 보고 이야기해 보세요.

왜 집에만 있어요?
집이 제일 편하잖아요.

1)

2)

3)

4)

 헤어지다 말 사랑하다 약속하다 집 제일

문법³

A/V-(으)ㄹ지 모르겠다

가: 졸업하면 뭐 할 거예요?
나: 한국에서 계속 공부할지 고향에 돌아갈지 잘 모르겠어요.

가: 티엔 씨 생일 선물로 뭐가 좋을까요?
나: 글쎄요. 저도 뭐가 좋을지 모르겠어요.

그림을 보고 말해 보세요.

보기

뭘 먹을지 모르겠어요.

자장면을 먹을지 짬뽕을 먹을지 모르겠어요.

1)

2)

3)

4)

 계속 돌아가다 글쎄 자장면 짬뽕

활동 1 읽고 말하기

1. 여러분은 제주도에서 어디를 여행해 봤어요?

2. 다음을 소리 내어 읽으세요. track 60

다음 주에 부모님께서 제주도에 오십니다. 부모님과 함께 3박 4일 동안 제주도를 여행하려고 합니다. 그래서 인터넷으로 제주도의 이곳저곳을 검색하면서 계획을 세웠습니다. 첫째 날은 거문오름에 가려고 합니다. 거문오름에 가려면 인터넷으로 미리 신청해야 합니다. 해설사가 자세하게 설명해 준다고 합니다. 둘째 날은 만장굴로 가기로 했습니다. 만장굴은 한국에서 박쥐가 제일 많이 사는 용암 동굴입니다. 굴 안은 쌀쌀하니까 따뜻한 옷을 준비해야겠습니다. 마지막 날은 한라산에 갈까 합니다. 그런데 일기예보를 보니까 비가 온다고 해서 걱정입니다. 백록담까지 갈 수 있을지 모르겠습니다. 비가 오면 등산하는 대신 서귀포 시내를 구경하는 것도 좋을 것 같습니다. 부모님과 함께 여행할 생각을 하면 벌써부터 기대가 됩니다. 빨리 다음 주가 오면 좋겠습니다.

3. 다음 질문에 답하세요.

1) 이 사람은 무엇을 하고 있어요?

2) 이 글의 내용과 같은 것을 고르세요.
　① 이 사람의 부모님은 3일 동안 제주도에 있을 겁니다.
　② 이 사람과 부모님은 둘째 날 거문오름에 가려고 합니다.
　③ 비가 내리면 일정을 바꿔서 서귀포에 가려고 합니다.
　④ 한라산에 갈 때는 따뜻한 옷을 가지고 갈 겁니다.

발음해 볼까요?
- 계획을[계:회글/계:훼글]
- 해설사가[해설싸가]
- 박쥐가[박쮜가]
- 따뜻한[따뜨탄]
- 마지막 날은[마지망 나른]
- 백록담[뱅녹땀]

여행하다　이곳저곳　첫째　해설사　자세하다　둘째　박쥐　용암　동굴　마지막　백록담　서귀포　시내　기대

활동 2 듣고 말하기

1. 제주도 여행 중에 가장 기억에 남는 것은 뭐예요?

2. 잘 듣고 질문에 답하세요. track 61

1) 남자는 부모님과 어디를 다녀왔어요?

2) 맞으면 ○, 틀리면 × 하세요.
   ① 여자의 친구들은 다음 주에 제주에 옵니다.　(　)
   ② 남자는 사라오름에서 노루를 봤습니다.　(　)
   ③ 서귀포 시장에는 먹거리가 많다고 합니다.　(　)

3. 여러분은 제주도의 여행지 중에서 어디를 알고 있어요? 친구와 이야기해 보세요.

하늘 노루 뛰어다니다 멋있다

활동 3 쓰고 말하기

activity

고향 친구들이 2박 3일 일정으로 여행을 옵니다. 여행 계획을 세우고 발표해 보십시오.

날짜	함께 가고 싶은 곳	그 이유	준비물
보기 3월 2일	사라오름	호수와 노루를 보고 싶어요	옷, 운동화, 물, 모자, 점심
첫째 날 ___월 ___일			
둘째 날 ___월 ___일			
마지막 날 ___월 ___일			

일정 준비물

활동 4 그림 보고 말하기

방학 동안 한국을 여행하려고 해요. 여행할 곳을 정하고 거기에서 무엇을 할지 이야기해 보세요.

1. 어디로 갈 거예요?

2. 무엇을 타고 갈 거예요?

3. 어디에서 잘 거예요?

4. 무엇을 먹을 거예요?

👆 한우 어묵 오징어 순대 설렁탕 막국수

16

바람

유명한 방송인이 되는 것이 꿈이야?

track 62

대화

dialogue
track 63

아리온토야	와, 제니가 또 검색어 1위네.
토마스	제니? 제니가 누구야?
아리온토야	너 제니 몰라? 동영상도 만들고 개인 방송도 하는 사람. 요즘 인기잖아.
토마스	이름은 들어 봤는데 동영상을 직접 본 적은 없어. 어떤 방송을 하는데?
아리온토야	화장하는 방법에 대해서 알려 줘. 그리고 좋은 화장품도 추천해 줘.
토마스	요즘 제니처럼 개인 방송을 하고 싶어 하는 사람들이 많지?
아리온토야	응, 많아. 내 친구도 매일 동영상을 만들어서 '유튜브'에 올려.
토마스	네 친구도 제니처럼 유명한 방송인이 되는 것이 꿈이야?
아리온토야	응, 그래서 친구 동영상을 본 다음에 나는 '좋아요'를 꼭 눌러 줘. 재미도 있고.
토마스	그래? 나도 한번 보고 싶다.

검색어 위 동영상 개인 방송 인기 화장하다 추천하다 유튜브 방송인 꿈 재미

어휘 및 표현 1

vocabulary

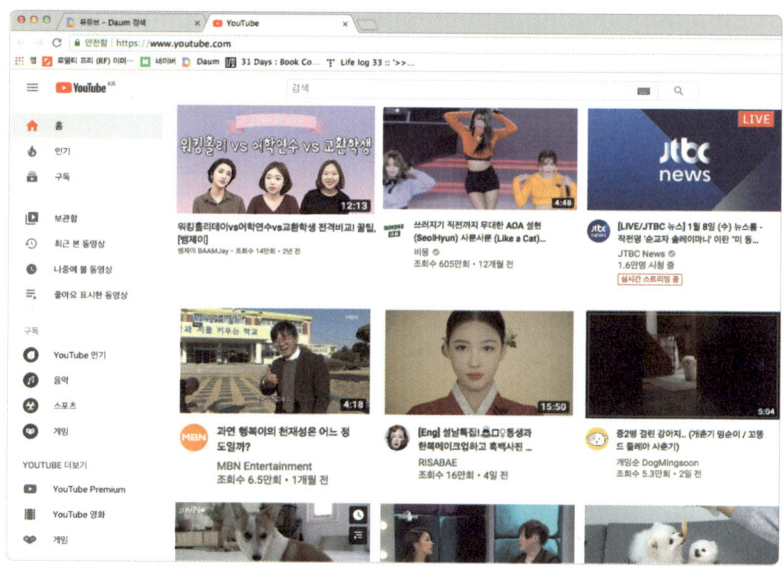

인기 동영상
최근에 본 동영상
나중에 볼 동영상
맞춤 동영상
실시간
검색창
검색어
구독
구독자
알림
공유
좋아요

어휘 및 표현 2

vocabulary

외교관

우리 나라를 대표해서
일하고 싶어요.

디자이너

내가 만든 옷을
사람들이 입었으면 좋겠어요.

방송인

카메라 앞에서
이야기하는 것이 좋아요.

한국어 강사

우리 나라 사람들에게
한국어를 가르쳐 주고 싶어요.

작가

새 이야기를
만드는 것이 좋아요.

건축가

집을 짓는 일을
하고 싶어요.

문법 1

N에 대해(서)

가: 여러분, 오늘은 꿈에 대해서 말해 봅시다.
나: 네? 미래에 하고 싶은 일이요?

가: 김치를 만드는 방법에 대해 알아요?
나: 아니요, 한국 음식을 만들어 본 적이 없어요.

그림을 보고 말해 보세요.

우리 가족에 대해 이야기할 겁니다.
우리 아버지는…….

우리 할아버지에 대해서 말하고 싶습니다.
우리 할아버지는…….

1)

2)

3)

4)

👉 미래

문법 2

N처럼

가: 반 친구들과 친해요?
나: 네, 그럼요. 가족처럼 잘 지내요.

가: 밍밍 씨, 저기 봐요. 저 사람 인형처럼 예쁘네요.
나: 와, 정말 인형처럼 예쁘게 생겼어요.

그림을 보고 말해 보세요.

보기

> 저는 제임스처럼 노래를 잘하는 가수가 되고 싶어요.

> 저는 가수처럼 노래를 잘 부르고 싶어요.

1)

2)

3)

4)

👉 인형 새 토끼

16 바람 199

문법 3

V-고 싶어 하다

가: 이즈미 씨는 베트남어를 배우고 싶어 해요.
나: 그럼 이즈미 씨에게 티엔 씨를 소개해 주세요.

가: 알리한 씨가 어디에 가고 싶어 해요?
나: 알리한 씨는 고향에 가고 싶다고 했어요.

그림을 보고 말해 보세요.

나는 버스를 타고 싶은데 친구는 택시를 타고 싶어 해요.

1)

2)

3)

4)

👆 베트남어

활동 1 읽고 말하기

activity

1. 여러분은 유튜브를 자주 봐요? 유튜브에서 어떤 동영상을 자주 봐요?

2. 다음을 소리 내어 읽으세요. 🔊 track 64

내 친구 에밀리는 요즘 매일 기숙사에서 '옷 잘 입는 여자' 동영상을 만들어서 '유튜브'에 올립니다. 에밀리의 꿈은 제니처럼 유명한 방송인이 되는 것입니다. 제니는 화장하는 방법, 좋은 화장품을 고르는 방법에 대해서 방송하는 사람입니다. 제니의 방송은 구독자 수가 무척 많습니다. 전 세계 많은 사람들이 제니의 방송을 보면서 제니의 화장 방법을 따라합니다. 에밀리도 제니처럼 구독자 수가 많은 유튜버가 되고 싶어 합니다. 에밀리는 평소 패션에 관심이 많아서 옷을 잘 입는 방법에 대해서 방송합니다. 그래서 에밀리는 늘 패션쇼나 패션 잡지를 보면서 옷에 대해서 공부합니다. 그리고 나서 어떤 옷이 서로 어울리는지 직접 입어 보고 사람들에게 소개해 줍니다. 열심히 노력하는 내 친구 에밀리의 방송을 많은 사람들이 좋아해 주었으면 좋겠습니다.

3. 다음 질문에 답하세요.

 발음해 볼까요?
· 잘 입는[자 림는]
· 구독자[구독짜]

1) 에밀리 씨의 꿈은 뭐예요?

2) 이 글의 내용과 같은 것을 고르세요.
① 에밀리는 '화장을 잘하는 여자' 동영상을 만듭니다.
② 에밀리는 옷을 잘 입는 방법을 공부하려고 항상 패션쇼를 봅니다.
③ 제니는 방송에서 요즘 유행하는 옷을 많은 사람들에게 소개해 줍니다.
④ 제니의 방송을 보고 '좋아요'를 누르는 사람은 별로 없습니다.

👆 방송하다 전 따라하다 유튜버 평소 패션 늘 잡지 노력하다 유행하다

활동 2 듣고 말하기

activity

1. 여러분은 어떤 직업에 관심이 있어요?

2. 잘 듣고 질문에 답하세요. track 65

1) 남자와 여자는 누구의 이야기를 하고 있어요?

2) 맞으면 ○, 틀리면 × 하세요.
　① 도레미는 요즘 제일 인기가 많은 유튜버입니다.　　　(　　)
　② 도레미의 동영상을 구독하는 사람은 백 명입니다.　　(　　)
　③ 요즘은 유튜브보다 텔레비전을 보는 사람이 더 많습니다.　(　　)

3. 여러분 나라에서 요즘 제일 인기가 많은 유튜버가 누구예요? 그 사람은 왜 인기가 많아요?

따르다　대단하다　훨씬　구독하다

여러분이 제니나 도레미처럼 인기가 많은 유튜버가 된다면 어떤 동영상을 만들어서 사람들에게 보여 주고 싶습니까? '내가 만들고 싶은 동영상'에 대해서 쓰고 발표해 보십시오.

활동 4 그림 보고 말하기

1. 여러분은 미래에 어떤 일을 하고 싶어요? 친구들과 '미래의 꿈'에 대해서 이야기해 보세요.

activity

2. 친구들과 '미래의 꿈'에 대한 동영상을 만들어서 유튜브에 올려 보세요.

촬영

편집

자막·CG

제목

업로드

확인

듣기 지문

어휘 색인

01 _ 소개

track 02 p. 14

왕밍밍　안녕하세요? 저는 왕밍밍이에요.
토마스　만나서 반가워요. 밍밍 씨는 한국에 온 지 얼마나 됐어요?
왕밍밍　저는 한국에 온 지 3개월이 됐어요. 토마스 씨는요?
토마스　저도 3개월 됐어요.

활동2 _ 듣고 말하기

track 05 p. 22

선생님　안녕하세요? 저는 2급 A반 담임 김고운이라고 합니다.
학생　처음 뵙겠습니다. 저는 알리한입니다.
선생님　만나서 반가워요.
　　　　알리한 씨는 한국에 온 지 얼마나 됐어요?
학생　3개월 됐어요.
선생님　한국어는 언제부터 공부했어요?
학생　한국어를 공부한 지 5개월쯤 됐어요.
선생님　한국 생활이 어때요?
학생　처음에는 힘들었지만 지금은 괜찮아요.
　　　친구도 많이 생겼고요.

02 _ 여가

track 06 p. 26

페르난도　얼마 전부터 학교에서 장구를 배우고 있어요.
에밀리　학교에서요? 수업 시간에 장구를 배워요?
페르난도　아니요, 사물놀이 동아리에서 배워요.
에밀리　재미있을 것 같아요.

활동2 _ 듣고 말하기

track 09 p. 34

에밀리　안녕하세요? 저는 2급 A반 에밀리인데요.
선생님　네, 안녕하세요. 무슨 일로 오셨어요?
에밀리　학교에 어떤 동아리가 있어요?
선생님　운동, 음악, 봉사, 외국어 동아리가 있어요.
에밀리　선생님, 혹시 K-POP 댄스 동아리도 있어요?
선생님　네, 있어요. 댄스 동아리에 관심이 있군요.
에밀리　네, 어렸을 때부터 춤추는 것을 좋아했어요.
선생님　동아리에 가입하면 선배들이 잘 가르쳐 줄 거예요.

03 _ 쇼핑

track 10 p. 38

에밀리　가방을 사고 싶은데 어디에 가방 가게가 있는지 알아요?
이즈미　네, 여기에서 쭉 가다가 커피숍에서 오른쪽으로 가면 있어요. 같이 가요.
이즈미　에밀리 씨, 이 갈색 가방 어때요? 예쁘지요?
에밀리　음, 예쁘지만 좀 무거울 것 같아요.

활동2 _ 듣고 말하기

track 13 p. 46

토마스　어제 인터넷 쇼핑하다가 축구화가 싸서 한 켤레 샀어요. 12만 원짜리 나이스 축구화가 60% 할인해서 4만 8천 원이었어요.
이즈미　우와, 정말 싸네요. 왜 그렇게 싸요?
토마스　그 사이트에서는 가끔 비싼 물건을 할인할 때가 있어요.
이즈미　사이트 이름이 뭐예요?
토마스　C마켓이에요. 한국 사람들이 많이 이용하는 사이트예요.
이즈미　다른 물건도 할인해요?
토마스　네, 옷하고 구두도 할인하고 있었어요.
이즈미　바지 하나 사고 싶었는데 잘됐네요.

04 _ 주문

track 14 p. 50

티엔 배고픈데 피자를 시켜서 먹을까요?
알리한 네, 좋아요. 불고기 피자는 어때요?
티엔 우리 피자를 먹으면서 영화도 봐요.
알리한 그래요. 피자가 빨리 왔으면 좋겠어요.

활동2 _ 듣고 말하기

track 17 p. 58

가게 주인 꼬꼬댁 치킨입니다.
손님 40분 전에 치킨 두 마리 주문했는데 아직 안 와서요.
가게 주인 그러세요? 잠시만요, 확인해 보겠습니다. 손님, 전화번호가 어떻게 되세요?
손님 010-1255-3478입니다.
가게 주인 아라 아파트 101동 804호 맞으시죠?
손님 네.
가게 주인 오늘 축구 경기가 있어서 주문이 좀 많습니다. 정말 죄송합니다.
손님 얼마나 기다려야 돼요?
가게 주인 방금 출발했습니다. 5분만 더 기다려 주십시오. 죄송합니다.
손님 빨리 보내 주세요.

05 _ 날씨

track 18 p. 62

토마스 찬영 씨, 마스크를 썼네요. 감기에 걸렸어요?
김찬영 아니요, 미세먼지가 많아서 마스크를 썼어요.
토마스 이런 날 외출해도 돼요?
김찬영 잠깐은 괜찮지만 밖에 오래 있으면 안 돼요.

활동2 _ 듣고 말하기

track 21 p. 70

오늘 아침 공기가 무척 차갑습니다. 현재 서울 기온 10도로 어제보다 쌀쌀한데요. 내일은 7도까지 떨어져 더 춥겠습니다. 갑자기 차가워진 날씨에 병원을 찾는 사람들이 많습니다. 감기 조심하십시오. 현재 전국에 구름이 많습니다. 낮에는 날씨가 맑겠지만 부산과 제주에는 5~10mm의 비가 내리겠습니다. 강원도에는 찬바람이 불며 눈이 내리겠습니다. 오늘 미세먼지는 전국이 '나쁨'입니다. 따뜻한 외투와 함께 마스크도 준비하시면 좋겠습니다.

06 _ 맛집·여행

track 22 p. 74

안드레이 아리온토야 씨, '내가 문어라면'에 가 본 적이 있어요?
아리온토야 네, 가 봤어요.
안드레이 오늘 거기에서 저녁을 먹을까 해요. 인터넷에서 보니까 유명한 맛집이었어요.

활동2 _ 듣고 말하기

track 25 p. 82

여러분, 제주도 해녀 축제를 알고 있어요?
제주도에서는 해마다 9월 말이 되면 해녀 축제를 해요. 해녀 축제에 가면 먹거리, 볼거리, 즐길 거리가 아주 다양해요. 해녀와 함께 바다에 들어가 소라, 전복 등을 잡는 체험도 할 수 있고요. 직접 잡은 소라, 전복 등 맛있는 해산물을 바로 먹을 수도 있어요. 또 해녀들의 노래 공연도 볼 수 있어요.
아직 해녀 축제에 한 번도 가 보지 못했어요? 올해는 잊지 말고 꼭 해녀 축제를 즐겨 보세요. 아, 참. 축제 기간에 해녀 박물관 입장은 무료니까 거기에도 꼭 가 보세요.

07 _ 편의시설

track 26 p. 86

고유나 식권 사려고? 여기 화면에 메뉴가 보이지?
알리한 네, 여기에서 먹고 싶은 음식을 누르면 돼요?
고유나 응, 원하는 음식을 선택한 다음에 확인 버튼을 누르고 카드나 현금으로 결제하면 돼.
알리한 그럼, 순두부찌개를 누르고……. 누나는 뭐 먹을래요? 제가 살게요.

활동2 _ 듣고 말하기

track 29 p. 94

에밀리 저기요, 지하철 표를 사려면 어떻게 해야 해요?
행인 여기 옆에 있는 무인 발매기를 이용하세요.
에밀리 네? 무인 발매기요?
행인 아, 제가 도와드릴게요. 어디에 가세요?
에밀리 동대문에 가려고 하는데요.
행인 여기가 김포공항역이고…도착역이 동대문역… 이렇게 누르면 돼요.
에밀리 아, 감사합니다. 이제 결제하면 되는 거예요? 지폐도 돼요?
행인 네, 지폐를 넣은 다음에 조금 기다리면 거스름돈이 나와요.
에밀리 감사합니다.
행인 즐거운 여행 보내세요.

08 _ 고장·분실

track 30 p. 98

수리기사 안녕하세요? 무엇을 도와 드릴까요?
티엔 휴대폰이 안 켜져서요.
수리기사 혹시 휴대폰을 떨어뜨린 적이 있으신가요?
티엔 네, 오늘 아침에 휴대폰을 보다가 떨어뜨렸는데 그때부터 안 켜졌어요.

활동2 _ 듣고 말하기

track 33 p. 106

경찰 제주경찰서 분실물센터입니다. 무엇을 도와드릴까요?
왕밍밍 오늘 버스에서 지갑을 놓고 내렸어요.
경찰 몇 시에 몇 번 버스를 타셨나요?
왕밍밍 오전 10시 20분에 제주대학교에서 351번 버스를 탔어요. 10시 50분쯤에 동문시장에서 내렸고요.
경찰 어떤 지갑인가요?
왕밍밍 까만색 가죽 지갑이에요. 안에 2만 원쯤 있었어요. 중국 돈 100위안도 있었고요. 외국인등록증하고 은행 카드도 하나 있었어요.
경찰 잠시만 기다려 주세요.
경찰 여보세요. 까만색 지갑이 있네요. 이름이 어떻게 되십니까?
왕밍밍 왕밍밍이에요.
경찰 6시 전에 오셔서 확인하시고 찾아 가십시오.
왕밍밍 네, 알겠습니다.

09 _ 실수

track 34 p. 110

아리온토야 옷이 왜 그래?
이즈미 커피숍에서 커피를 들고 나오다가 쏟아 버렸어.
아리온토야 정말? 괜찮아? 안 다쳤어?
이즈미 좀 뜨거웠는데 다치지는 않았어. 그런데 나 때문에 알리한 옷도 더러워졌어.

활동2 _ 듣고 말하기

track 37 p. 118

알리한 여보세요?
이즈미 어, 알리한. 나 이즈미야. 아까 커피숍에서 미안했어. 다치지 않았어?

알리한	응, 괜찮아. 안 다쳤어.
이즈미	화 많이 났지? 미안해.
알리한	아니야, 화 안 났어.
이즈미	네가 그냥 가서 걱정했거든.
알리한	오후에 수업이 있어서 옷을 빨리 갈아입으려고 집에 갔어.
이즈미	그랬구나. 그 옷은 어떻게 했어?
알리한	세탁소에 맡겼어. 깨끗이 지울 수 있을 것 같아. 걱정하지 마.
이즈미	그래? 정말 다행이다. 그럼 내일 학교에서 보자.
알리한	응, 내일 보자.

10 _ 요청·허락

track 38 p. 122

안드레이	죄송한데요, 4교시 수업 중에 나가야 할 것 같아요.
선생님	수업하는 중이에요? 왜요? 무슨 일이 있어요?
안드레이	고향 친구들이 오는데 1시에 공항에 도착한다고 해요.
선생님	아, 그래요? 친구들이 오는군요.

활동2 _ 듣고 말하기

track 41 p. 130

안드레이	여보세요? 토마스, 나 안드레이야.
토마스	응, 안드레이. 무슨 일이야?
안드레이	부탁할 게 있어서 전화했어.
토마스	그래, 뭔데?
안드레이	오늘 수업 중에 급히 나오면서 쓰기 공책을 두고 와 버렸어. 미안한데 내 공책 좀 가지고 있어 줄래?
토마스	알겠어. 가지고 있을게.
안드레이	아, 그리고 한 가지 더 부탁할게.
토마스	또? 뭔데? 말해 봐.
안드레이	오늘 아침에 내 방 기숙사 불을 껐는지 안 껐는지 잘 모르겠어. 미안한데 내 방에 가서 확인해 줄 수 있어?
토마스	어휴, 확인하고 전화할게.
안드레이	고마워!

11 _ 불평불만

track 42 p. 134

왕밍밍	아, 졸려. 요즘 룸메이트 때문에 잠을 잘 못 자.
이즈미	그래, 너 많이 피곤해 보여. 그런데 룸메이트가 왜?
왕밍밍	밤마다 전화 통화를 해서 잘 수가 없어.
이즈미	좀 조용히 해 달라고 했어?

활동2 _ 듣고 말하기

track 45 p. 142

제주대학교 학생 생활관에서 알려드립니다. 요즘 기숙사에 늦은 시간에 들어오는 학생들이 많습니다. 새벽 1시 이후에는 기숙사 문을 열어 줄 수 없으니까 반드시 1시 전까지 들어오십시오. 세탁기는 저녁 9시까지만 사용해 주십시오. 또 늦은 시간에 휴게실을 이용할 때는 작은 목소리로 이야기해 주십시오. 시끄러운 소리 때문에 잠을 잘 자지 못하는 학생들이 있습니다. 기숙사는 모두가 함께 사용하는 곳입니다. 서로를 생각하는 아름다운 학생 생활관을 만듭시다.

12 _ 문제 해결

track 46 p. 146

왕밍밍	저, 에밀리, 잠깐 시간 있어?
에밀리	응, 무슨 일이야?
왕밍밍	요즘 네가 밤늦게까지 영화를 보잖아. 그 소리 때문에 잠을 자기가 힘들어.
에밀리	아, 소리가 좀 컸구나. 미안해.

활동2 _ 듣고 말하기

track 49 p. 154

토마스	안드레이, 우리 같은 방이네. 한 학기 동안 잘 부탁한다.
안드레이	토마스, 나도 잘 부탁할게.
토마스	참, 안드레이, 넌 몇 시에 자? 난 늦게 자거든.

안드레이 　난 일찍 자는 편이야. 어릴 때부터 일찍 자서 습관이 됐어.
토마스 　그럼 네가 잘 때 말해 줘. 내가 큰 등을 끄고 스탠드만 사용할게.
안드레이 　그럼 고맙지. 근데 나 가끔 엄마랑 밤에 통화할 때가 있어.
토마스 　나도 그래. 통화가 길어지면 서로 불편하니까 밖에 나가서 통화하도록 하자.
안드레이 　좋아. 그리고 화장실 휴지랑 비누는 어떻게 할까? 따로 사서 쓸까?
토마스 　그러지 말고 같이 사서 쓰자.
안드레이 　그러면 우리 짐 정리하고 마트에 가자.

13 _ 정보

track 50　p. 158

에밀리 　말하기 성적이 안 좋아서 걱정이에요.
티엔 　한국 친구하고 자주 만나서 이야기해 보세요.
에밀리 　저는 한국 친구가 없어요.
티엔 　언어 교환 친구를 찾아보는 게 어때요?

활동2 _ 듣고 말하기

track 53　p. 166

왕밍밍 　다음 주까지 기숙사를 신청해야 하는데 어떻게 하는지 몰라요. 티엔 씨는 신청했어요?
티엔 　네, 어제 했어요. 제가 도와줄 테니까 지금 해 보세요. 제주대학교 홈페이지에서 하영드리미를 클릭하고 로그인 하세요.
왕밍밍 　아이디(ID)는 학번이지요?
티엔 　네, 맞아요. 로그인했어요?
왕밍밍 　네, 했어요. 이제 어떻게 해야 해요?
티엔 　신청 건물하고 사용 기간을 선택하세요.
왕밍밍 　신청 건물이 뭐예요?
티엔 　살고 싶은 기숙사 건물이에요. 기숙사는 6호관까지 있어요.
왕밍밍 　아, 네. 선택했어요.
티엔 　이제 신청 완료 버튼만 클릭하면 돼요.
왕밍밍 　클릭했어요. 고마워요.

14 _ 공공기관

track 54　p. 170

직원 　기욤 씨, 다음 달에 비자 기간이 끝나는 거 알아요?
기욤 　그래요? 몰랐어요. 어떻게 해야 돼요?
직원 　출입국·외국인청에 가서 연장하면 돼요.
기욤 　비자 연장을 해 본 적이 없어서 잘 몰라요. 뭐가 필요해요?

활동2 _ 듣고 말하기

track 57　p. 178

직원 　어떻게 오셨습니까?
기욤 　비자 연장을 하고 싶은데요.
직원 　먼저 신청서를 작성해 주십시오.
기욤 　신청서는 이미 쓰고 왔어요. 여기요.
직원 　음, 여권 번호를 쓰지 않으셨네요. 여기에다가 여권 번호를 정확하게 써 주세요.
기욤 　네, 알겠습니다.
직원 　다른 서류들도 모두 가지고 오셨습니까?
기욤 　네, 여기 있습니다.
직원 　서류가 맞는지 확인해 보겠습니다.
　　　네, 맞습니다. 수수료는 6만 원입니다.
기욤 　비자 연장하려면 얼마나 걸리나요?
직원 　금방 나옵니다. 하이코리아 홈페이지에서도 비자 기간을 연장할 수 있어요.

15 _ 계획

track 58　p. 182

안드레이 　부모님하고 뭐 할 거예요?
페르난도 　부모님이 여기에 계시는 동안 같이 오름에 가 보고 싶어요. 제주도에는 아름다운 오름이 많잖아요.
안드레이 　맞아요. 저는 지난 방학에 사라오름에 갔는데 참 좋았어요.

활동2 _ 듣고 말하기

track 61　p. 190

이즈미　페르난도, 부모님은 잘 가셨어? 뭐 했어?
페르난도　응, 잘 가셨어. 부모님이랑 이곳저곳을 다녀 봤는데 정말 좋았어.
이즈미　어디 어디 갔다 왔어?
페르난도　거문오름, 만장굴, 한라산, 사라오름.
이즈미　그 중에서 어디가 제일 좋았어? 이번 주에 우리 친구들이 제주에 오거든.
페르난도　그럼 사라오름에 꼭 가 봐. 사라오름에 가니까 큰 호수에 하늘이 다 보였어. 그리고 나는 못 봤지만 가끔 노루가 뛰어다니는 것을 볼 수 있다고 해.
이즈미　우와! 큰 호수와 노루……. 정말 멋있겠다.
페르난도　시간이 되면 서귀포 시장에도 가 보고. 난 못 가 봤는데 맛있는 게 많다고 해.
이즈미　그래, 알려 줘서 고마워. 꼭 가 볼게.

에밀리　그렇지? 이 사람이 유튜브에 동영상을 올리면 조회 수가 빨리 올라가. 구독자 수도 벌써 백만 명이야.
알리한　와, 정말 대단하다. 요즘은 꼭 티비에 나오지 않아도 사람들이 많이 좋아하는구나.
에밀리　그럼. 요즘은 티비보다 유튜브를 보는 사람들이 훨씬 많으니까.

16 _ 바람

track 62　p. 194

아리온토야　와, 제니가 또 검색어 1위네.
토마스　제니? 제니가 누구야?
아리온토야　너 제니 몰라? 동영상도 만들고 개인 방송도 하는 사람. 요즘 인기잖아.

활동2 _ 듣고 말하기

track 65　p. 202

에밀리　너 이 노래 들어 봤어?
알리한　아니. 와, 이 사람 노래 정말 잘 부른다. 누구야?
에밀리　이 사람, 유튜브에서 요즘 제일 인기 있는 사람이야.
알리한　그래? 이름이 뭐야?
에밀리　도레미. 요즘 도레미처럼 다른 사람의 노래를 잘 따라 부르는 유튜버들이 많아.
알리한　정말? 이 사람은 티비에 나오는 가수보다 노래를 더 잘하는데?

ㄱ

가게	store	40
가격	price	46
가능하다	possible	52
가르치다	to teach	31
가리키다	to point	93
가입하다	to join, to sign up	29
가져오다	to bring	30
가죽	leather	106
가지	kind (of), sort (of)	130
가지다	to have, to own	88
간단하다	to be simple	105
갈색	brown	40
갈아입다	to change clothes	118
감기	cold	70
감기약	cold medicine	103
감사하다	to thank, to appreacaiate	100
갑자기	all of a sudden	70
강사	teacher, instructor, lecturer	197
강원	Gangwon	65
강원도	Gangwon-do	70
개강	to begin school	17
개월	month	16
개인	individual	196
거리	items	77
거문오름	Geomun Oreum(Volcanic Cone)	185
거스름돈	change	94
거실	living room	169
걱정	worry, concern	117
걱정하다	to worry, to be concerned	184
건강하다	to be healthy	66
건너다	to cross	43
건조하다	to be dry	65
건축가	architect	197
검색어	search word	196
검색창	search engine[box]	197
게임	game	137
결과서	result paper	181
결석하다	to be absent, to miss a class	125
결제	payment	57
결제하다	to pay	88
경기	Gyeonggi	58
경기	game, match	65
경기도	Gyeonggi-do	192
경남	Gyeongnam	65
경북	Gyeongbuk	65
경상남도	Gyeongsangnam-do	192
경상북도	Gyeongsangbuk-do	192
경주	Gyeongju	192
경찰서	police station	49
경찰청	the National Police Agency	101
경험	experience	95
계단	stairs, steps	92
계속	continuously	188
고객	customer	100
고르다	to choose, to pick out	21
고민	concern, worry	137
고속버스	express bus	89
고양이	cat	31
고향	hometown	124
골다	to snore	137
곳	place, point, spot	45
공간	space, room	149
공기	air	19
공동	communal	149
공연	performance, show	33
공유	sharing	197
공장	factory	69
과목	subject	125
관	block, room	97
관계	relationship, connection	165
관리	administration , management	101
관리비	maintenance cost	169
관심	interest	33
광장	square, plaza	160
광주	Gwangju	65
괜찮다	to be okay	22
교시	(class) period	124
교통사고	car accident	103
교환	exchange, trade	25
구독	to subscribe	197
구독자	subscriber	197
구독하다	subscribe to	202
구두	shoes, dress shoes	46
구름	cloud	70
구하다	to look for, to seek	165
국적	nationality, citizenship	173

국제	international	180
궁금하다	to wonder, to be curious	101
규칙	rules	17
귤	mandarin, tangerine	77
그것	that	81
그냥	as it is, just	112
그때	that time, then	81
그런데	by the way	112
글	(a piece of) writing	174
글쎄	well	188
글씨	handwriting, letter	175
금방	soon, any minute	178
금연	smoking prohibited	169
급	grade, level	17
급히	urgently, quickly	105
기간	period	82
기계	machine	93
기대	expectation	189
기르다	to raise	92
기말	end of term	17
기분	feelings, mood	45
기사	engineer	100
기숙사	dormitory, dorm	130
기억	memory	119
기타	guitar	29
김포공항	Gimpo International Airport	94
까만색	black	41
깜짝	with surprise	105
깨끗이	clean, neatly	118
깨다	to break	43
깨지다	to be broken	101
꺾다	to break, to snap	45
께서	from	139
꽃가루	pollen	65
꽃집	flower shop	49
꿈	dream	80
꿈	dream, hope, wish	196
끼다	to become (cloudy)	70

ㄴ

나가다	to get out	124
나다	to sound, to make noise	43
나다	to happen	103
나다	to become (to become angry)	112
나오다	to steam up	69
나오다	to come out	94
나이	age	17
나중	later, after	126
날	day	69
날씬하다	to be slim	66
남	man, male	173
남다	to remain	119
남색	dark blue	41
낫토	natto(japanese fermented beans)	77
내	the inside, within	173
내다	to pay	29
내리다	to get off	106
내용	content, substance	161
냄새	smell	137
너	you	136
너무하다	too much, to be unreasonable	136
널다	to hang	72
년	year	173
노란색	yellow	41
노래	song	54
노력하다	make effort, work hard	201
노루	roe deer	190
노약자석	seating for the handicapped, the elderly and pregnant women	44
노인	elderly man/woman	69
놀다	to play, to hang out	153
놀라다	to be surprised	105
농도	concentration	65
놓다	to lay, to put	106
누구	who	42
눈	snow	30
뉴스	news	150
뉴욕	New York	71
늘	always	201
늦게	late	151
늦다	to be late	58

ㄷ

한국어	English	쪽
다리	legs	150
다시	again	117
다양하다	to be diverse	45
다음	next text	21
다음	after, next	88
다행	luck, good fortune	118
닭갈비	dak-galbi(spicy stir-fried chicken)	25
담양	Damyang	192
담임	home room teacher	22
대구	Daegu	65
대단하다	great, outstanding	202
대리	deputy, substitute	152
대부분	most (of)	69
대전	Daejeon	65
대청소	a general cleaning	149
대표하다	to represent	197
대학원생	graduate student	25
대화	conversation	16
대회	competition, tournament	82
댓글	comment	161
데이트	date, to go out with someone	116
도	degree(temperature)	70
도너츠	donut	85
도시락	lunch box, packed lunch	60
도착지	destination	89
돈가스	Tonkatsu, pork cutlet	60
돌리다	to turn, to spin	164
돌아가다	to return, to get back	188
동	building number	58
동굴	caves	189
동대문	Dongdaemun Gate	94
동백	camellia	85
동생	younger sibling	90
동영상	video	196
동창	alumnus	127
되다	to be, to become	100
두다	to put, to set	130
둘째	the second	189
뒷정리	arrange, clean up	137
드라이기	dryer	140
드론	drone	36
듣기	listening	125
들다	to hold, to pick up	45
들다	to like	45
들다	to fall asleep	80
들다	cost money	105
들어가다	to get on the internet, to get online	165
들어오다	come in	69
들어주다	to grant, to accede	130
등록	registration, enrollment	161
등록증	registration certificate	173
디자이너	designer	197
디저트	dessert	60
따다	to pick (fruit)	77
따라하다	copy, imitate, repeat	201
따로	separately	154
따르다	follow, go after	202
때	the time, the moment	184
떡국	tteokguk, rice-cake soup	42
떨어뜨리다	to drop	100
떨어지다	to fall	70
또	again	69
또는	or	173
또한	also, too, as well	165
똑똑하다	to be smart	138
뚱뚱하다	to be fat, overweight	66
뛰어다니다	run around	190

ㄹ

한국어	English	쪽
라면	ramyeon	76
라면집	ramyeon shop	81
런던	London	71
리우데자네이루	Rio de Janeiro	71

ㅁ

한국어	English	쪽
마술	magic	29
마스크	mask	64
마중	to come to meet	128
마지막	the last	189

막국수	makguksu, buckwheat noodles	193
만장굴	Manjanggul Cave	185
말	meaning, sense	187
말	the end	82
말리다	to dry	140
말하기	speaking	44
말하다	to speak, to talk	93
맛	taste, flavor	80
맞다	to be right/correct	16
맞추다	to set, to adjust, to match	197
맡기다	to leave, to check (in)	118
매우	very	57
매일	everyday	54
머리	head	128
머리카락	hair	140
먹거리	food (item)	77
먼지	dust	64
멋있다	stylish, fabulous, nice	190
메뉴	menu	53
멕시코	Mexico	77
명	given name	173
몇	how many	18
모	mother	179
모든	all, every	82
모래	sand	108
모스크바	Moscow	71
모집하다	to recruit	29
목	neck	69
목록	list, inventory	161
목소리	voice	142
몸속	inside the body	69
무료	free of charge	82
무슨	what, which	34
무엇	what	42
무척	very, extremely	70
묵다	to stay at	185
문	door	42
문어	octopus	76
문의	inquiry	101
문제	problem	100
문제점	problem, drawback	154
물	water	32
물건	thing, stuff, object	45
물기	moisture, wetness	149
물어보다	to ask	28
뭐	what	19
뮤지엄	museum	84
미래	future	198
미루다	to postpone	125
미리	beforehand, in advance	178
미세먼지	fine dust	64
민속	folklore	85
밀리미터(mm)	millimeter	70

ㅂ

바꾸다	to change	125
바닥	floor, ground, the bottom	105
바로	right away	82
바지	pants	46
박	stay	185
박쥐	bat	189
밖	outside	64
반	class	17
반드시	certainly, no matter what	142
반려동물	companion animal	169
반말	to talk down (to use informal speech)	90
받다	to receive	112
받다	take a class	125
발권	ticket issuance	89
발권기	ticket machine	96
발매기	ticket machine	89
발표	announcement, presentation	152
밝다	to be bright	104
밟다	to step on	120
방	room	130
방금	just now, a moment ago	58
방법	way, method	33
방송	broadcast, broadcasting	196
방송인	broadcaster	196
방송하다	to broadcast	201
배달	delivery	53
배달시키다	to get something delivered	57
배수구	drain	149
배우자	spouse, partner	179
백록담	Baengnokdam(The Crater Peak of Mt. Halla)	189

밴드	rock band	37
버튼	button	88
번	number	93
번	times	105
번호	number	93
번호표	a numbered ticket	93
범섬	Beom Island	185
베이징	Beijing	71
베이징카오야	Peking duck	77
베이커리	bakery	85
베트남어	Vietnamese language	200
보건소	public health center	181
보다	to take (a test)	44
보다	to go grocery shopping	79
보라색	purple	41
보성	Boseong	192
보쌈	bossam, boiled pork belly	60
보이다	to be seen	69
보증금	security deposit	169
보통	normal, general, average (step)	65
보통	usually, generally	90
복잡하다	to be complicated, crowded	103
볼거리	spectacle, attraction	77
봉사	service, volunteer work	29
뵙다	to see, to meet (honorific)	17
부	father	179
부딪히다	to hit, to bump	117
부모님	parents	116
부산	Busan	65
부착	sticking, adherence	179
부탁	favor	130
북	drum	28
분식	flour based food, light meal	53
분실	loss, lost	101
분실물	lost article, missing article	101
분홍색	pink	41
불	light	130
불고기	bulgogi	52
불국사	Bulguksa Temple	25
불다	to blow (to be windy)	70
붙이다	to stick, to attach	160
비밀	secret	115
비자(visa)	visa	172
빨간색	red	41
빨다	to wash (clothes)	118

ㅅ

사거리	intersection, junction, four-way stop	43
사과	apology	113
사과하다	to apologize	112
사라오름	Sara Oreum(Volcanic Cone)	185
사랑하다	to love	187
사물놀이	Korean traditional percussion quartet	28
사실	in fact, truth	81
사이트	site	46
사항	a matter, a subject, an item	169
삭제	elimination, to delete	161
살다	to live	18
상영	screening, showing	145
상태	condition, situation	65
새	new	16
새	bird	199
새롭다	new, fresh	165
새별오름	Saebyeol Oreum(Volcanic Cone)	185
샌드위치	sandwich	162
샐러드	salad	96
생각	thought, idea	76
생각하다	to think	142
생기다	to be formed	22
생년월일	date of birth, birth date	173
생활	life, living	22
생활관	residence hall	149
샤워	shower	149
서귀포	Seogwipo	189
서로	each other, one another	142
서류	document, papers	177
서명	signature, sign	173
서명하다	to sign	174
서비스	service	105
서울	Seoul	24
서투르다	to be poor, unskilled, clumsy	160
서핑	surfing	85
선물	present, gift	31
선배	a senior	33
선택	choice, selection	89
선택하다	to choose, make a choice	88
설거지	dish-washing	164
설렁탕	seolleongtang, stock soup of bone and meat	194
설명하다	to explain	17

성	surname	173
성격	character, personality	112
성명	name	173
성별	sex, gender	173
성적	grade, report card	160
세다	to be strong, to be rough	66
세우다	to make, to set (a plan)	185
세종	Sejong	65
세차하다	wash a car	164
세탁기	washing machine	142
세탁소	laundry	118
세탁실	laundry room	144
센터	center	105
소개팅	blind date	117
소개하다	to introduce	21
소라	conch shell	82
소리	sound, noise	43
소리	voice	115
소방서	fire station	181
소생술	resuscitation	181
소식	news	165
소화기	fire extinguisher	181
속상하다	to be upset, to be sad	105
속초	Sokcho	192
손님	guest	58
쇼핑하다	to shop	46
수	number (hits, views)	161
수료	complete, finish	173
수료식	completion ceremony	17
수리	repair, fix	100
수리비	repair cost	100
수제	homemade, handmade	84
순대	sundae, Korean sausage	193
순서	order	105
스노클링	snorkeling	84
스크린	screen	97
스트레스	stress	55
습관	habit, custom	153
습하다	to be humid	65
승차권	ticket	89
시	time	179
시간	time	68
시간표	schedule, timetable	125
시급	hourly wage	168

시끄럽다	to be noisy	142
시내	downtown	189
시드니	Sydney	71
시설	facilities, installation	165
시스템	system	101
시작	beginning, start	105
시지(CG)	computer graphics	205
시키다	to make someone do something, to order someone	52
식권	meal ticket, meal coupon	88
식당	restaurant	132
식물원	botanical garden	84
식사	meal	91
신고	report, declaration, register	101
신고서	a statement, a report	173
신다	to put on, to wear (on your feet)	67
신발	shoes	48
신청인	applicant	173
신청일	reporting date	173
신청하다	to apply, to register	165
실내	indoor	72
실례하다	to commit a breach of etiquette	113
실수	mistake, error	119
실수하다	to make a mistake	118
실시간	real time	197
실외	outdoor	72
심폐	heart-lung	181
쌀국수	rice noodles	164
쌀쌀하다	to be chilly	65
쏟다	to spill	43
쓰기	writing	125
쓰다	to wear (a mask)	64
쓰다	to use	67
쓰다	to spend (money)	139

ㅇ

아	Ah!, Oh!	64
아까	a little while ago	118
아르바이트	part time job	167
아르바이트생	part time worker	168
아시안	Asian	60

아이고	Oh!, Ah!, Ouch!	113
아이디(ID)	ID	166
아주	very, many	64
아침	breakfast	163
아파트	apartment	58
안내문	sign	172
안동	Andong	192
앉다	to sit down	67
알다	to know	40
알람	alarm	149
알리다	let somebody know	21
알아보다	to investigate, to search	165
앗	Oh!, Oh dear!, Oh my!	113
앞	the future	148
애니메이션	animation	25
액정	liquid crystal, screen	101
약간	a little, a bit	65
약속하다	to promise, make an appointment	187
양식	western food	53
어	Oh!, Well!, Yes	113
어기다	to break, go against	17
어둡다	to be dark	104
어떻게	how	42
어묵	fish cake	193
어울리다	to match well, to suit, to go well with	40
어젯밤	last night	141
어휴	argh, phew	130
언어	language	24
언제	when	42
얻다	to get, to gain	165
얼굴	face	129
얼마	how long	28
얼마	how much	46
업로드	upload	205
에게	to	21
에펠탑	the Eiffel Tower	42
엘리베이터	elevator	92
여	woman, female	173
여권용	(for) passport	179
여기저기	here and there	105
여러	many, several	57
여러분	everyone, (all of) you	33
여행지	travel destination	185
여행하다	to travel	189
역	station	94
역사책	history book	116
연결선	connection line	100
연기	smoke	69
연락처	contact information	161
연락하다	to contact, to get in touch	149
연수생	trainee	24
연장	extension, renewal	173
연장하다	to extend, to prolong	172
연주하다	to play, to perform	29
열대야	tropical night	65
열심히	hard, diligently	104
영화	movie, film	89
영화관	movie theater, cinema	97
예매	reservation, booking	89
예방	prevention	181
예약	reservation, booking	132
오랜만	for a while	79
오랫동안	for a long time	141
오리엔테이션	orientation	16
오메기떡	omegi rice cakes	77
오징어	squid, cuttlefish	193
오해	misunderstanding	137
온라인	online	89
올리다	to raise, to achieve	160
옷	clothes, clothing	112
와	wow	100
와이파이(Wi-Fi)	Wi-Fi	101
와인	wine	96
완료	completion, finished	61
완성하다	to complete	156
왜	why	30
외교관	diplomat	197
외국어	foreign language	34
외국인	foreigner	173
외투	overcoat	70
요금	charge, fee	94
요즘	these days, nowadays, recently	32
요트	yacht	85
욕실	bathroom	149
용기	courage, bravery	81
용눈이오름	Yongnuni Oreum(Volcanic Cone)	185
용돈	pocket money, allowance	139
용머리해안	Yongmeori Beach	185

용암	lava	189
우리	we	33
우주	space, the universe	84
울산	Ulsan	65
웃다	to laugh, to giggle, to smile	93
원	Won(Korean currency)	41
원룸	studio apartment	169
원하다	to want, to wish	88
월	month	173
위	ranking	196
위안	Yuan(Chinese currency)	106
위험하다	to be dangerous, to be risky	55
유실물	lost article, missing article	101
유튜버	youtuber	201
유튜브	youtube	196
유행하다	to be in style, trendy	201
유효	valid, available	173
음료	drinks	52
음식	food	53
음식점	restaurant	53
음악	music	34
응	yeah	88
이	teeth	116
이곳저곳	here and there	189
이렇게	like this, this way	88
이름	name	17
이메일	email	161
이미	already	81
이번	this time	21
이사	move	127
이야기	story, talk, tale	197
이야기하다	to talk	18
이엠에스(EMS)	express mail service	180
이용하다	to use	46
이유	reason, cause	119
이제	now	66
이집트	Egypt	44
이후	after this, in the future	142
인	seal, stamp	173
인기	popularity	196
인사	greeting	129
인원	the number of people	132
인천	Incheon	65
인터넷	internet	46
인형	doll	199
일	business, matter, problem	16
일	work	114
일	day	173
일교차	daily temperature range	65
일부러	on purpose, deliberately	153
일식	Japanese food	53
일자	date	173
일정	itinerary	191
일정표	schedule	17
읽기	reading	125
잃어버리다	to lose	101
임대료	rent	169
임대하다	to rent, to lease	169
임산부	pregnant woman	69
입구	entrance	93
입장	entrance, admittance, position	82
잊다	to forget	82

ㅈ

자동	automatic	89
자동차	car	69
자료	material, data	152
자막	subtitles	205
자세하다	to be detailed	189
자세히	in detail, specifically	105
자연사박물관	natural history museum	84
자장면	noodles with black soy bean sauce	188
작가	author, writer	197
작성일	reporting date	161
작성자	writer, creator	161
잘	well	28
잘되다	to go well, to come out well	46
잘하다	to do well	56
잠	sleep	80
잠깐	for a moment	64
잠수함	submarine	84
잠시	for a moment	58
잡다	to catch	82
잡다	to get (a taxi), to pick up (a taxi)	109
잡지	magazine	201

잡히다	to be connected	101
장	market	79
장구	janggu(double-headed drum with a narrow waist in the middle)	28
장마	rainy season	65
장바구니	shopping basket	53
장소	place, point, spot	121
재미	fun	196
재발급	reissuance, to reissue	173
재학	being in school	172
저녁	dinner	81
전	before	21
전	whole	201
전광판	electronic display board	93
전국	the whole country	70
전남	Jeonnam	65
전달하다	to deliver, to pass on (to)	124
전라남도	Jeollanam-do	192
전라북도	Jeollabuk-do	192
전복회	raw abalones	77
전북	Jeonbuk	65
전주	Jeonju	24
전통악기	traditional instrument	28
전화기	telephone	186
전화번호	phone number	58
점심	lunch	81
점점	gradually, little by little	66
접종	inoculation, vaccination	181
정도	degree, limit	105
정류장	stop, station	169
정리하다	to organize, to put together	149
정말	really	40
정상	top, summit	184
정하다	to decide, to set	149
정확하다	to be accurate, to correct	172
제목	title, name	161
제일	the first, the most	187
제주	Jeju	65
제주도	Jeju-do	25
제주특별자치도	Jeju Special Self-Governing Province	192
조금	a little, a bit	28
조심하다	to be careful	69
조용하다	to be quiet	153
조용히	quietly	136
조퇴하다	to leave school (work) early	125
조회	inquiry, check	161
조회하다	to make an inquiry	89
족발	jokbal, pigs' feet	60
졸리다	to feel sleepy	103
졸업하다	to graduate	176
좀	a little, a bit	32
종류	kind, sort, type	45
종이	paper	165
종일	all day	148
종합	synthesize, put together	101
좋아하다	to like	90
좌석	seat	89
죄송하다	to be sorry	58
주다	to give	31
주머니	pocket	40
주문	order	53
주소	address	17
주의	care, caution, attention	169
주의하다	to be careful, to beware	143
주차하다	to park (a car)	68
준비물	supplies	191
줄이다	to reduce, to cut down	148
줍다	to pick up	43
중국집	Chinese restaurant	60
중식	Chinese food	53
중앙	center, the middle	165
중학교	middle school	90
증명서	certificate	172
지각하다	to be late for school (work)	125
지금	now	126
지난	last	151
지내다	to spend, to stay	153
지르다	to yell, to shout	115
지우다	to ease, to delete	118
지하상가	underground shopping mall	169
직원	employee, staff	93
직접	directly, personally	57
진단	diagnosis, diagnose	181
짐	load, burden, baggage	154
집	house, home	187
짓다	to make, to build	18
짜리	worth, value	46
짜증	irritation, annoyance	113

짬뽕	Chinese-style noodles with vegetables and seafood	188
찌개	jjigae, stew	32
찍다	to take, to pick	68
찜	steamed dish	60

ㅊ

찬바람	cold wind	70
창원	Changwon	192
찾아가다	to go, to visit	149
처음	first time	17
천지연폭포	Cheonjiyeon Falls	185
천천히	slowly	164
첨부	attach, add	161
첫째	the first	189
청소기	vacuum cleaner	164
체류	stay, sojourn	173
초록색	green	41
촬영	shooting, filming	205
최고	the most	71
최근	the latest, most recent	47
최저	the lowest	71
추가	addition, supplement, add	161
추천하다	recommend	196
축구화	soccer shoes, football boots	46
춘천	Chuncheon	25
출발	departure	49
출발일	the date of one's departure	89
출발지	the place of one's departure	89
출석	attendance	125
출입국·외국인청	immigration office	172
춤추다	to dance	34
충남	Chungnam	65
충북	Chungbuk	65
충전	charge	101
충청남도	Chungcheongnam-do	192
충청북도	Chungcheongbuk-do	192
취소	cancel	132
취소되다	to be cancelled	114
취소하다	to cancel	58
취직하다	to get a job, to be employed	176
치다	to hit, to play	28

치다	to hit, to bump	120
치우다	to tidy up, to clean up	149
치즈	cheese	162
치킨	chicken	58
친하다	to be close (to)	153

ㅋ

카드	card	61
카레	curry	77
카트	cart	85
카페	cafe	60
캐나다	Canada	24
켜다	to play (an instrument)	29
켜지다	to be turned on	100
쿠폰	coupon	52
클릭하다	to click	101
키우다	to raise, to grow	169

ㅌ

타코	taco	77
탈춤	talchum, masked dance	36
탈퇴하다	to withdraw, to drop out, to leave	29
탕	soup	60
태풍	typhoon	65
택배	parcel (delivery) service	149
터치	to touch	101
테이블	table	164
토끼	rabbit	199
통합	combination, integration	173
통화	call, telephone conversation	136
퇴근하다	to get off of work	114
트렁크	trunk	109
특송	express delivery	180
티켓	ticket	89

ㅍ

파란색	blue	41

파리	Paris	42
파스타	pasta	77
파일	file	161
판매기	vending machine	89
팔다	to sell	45
팝콘	popcorn	55
패러글라이딩	paragliding	36
패션	fashion	201
패스트푸드	fast food	53
퍼	pho(Vietnamese-style rice noodles)	77
편지	letter	163
편집	edit, compilation	205
평소	usual day, ordinary day	201
평창	Pyeongchang	192
포장	packing, wrap	53
폭설	heavy snow	65
표	ticket	94
풀다	to solve	55
풀리다	to release one's anger	113
피라미드	pyramid	44
필요하다	to need	177

ㅎ

하늘	sky	190
하얀색	white	41
하영드리미	hayoung dreamy(Jeju national university information system)	166
하이코리아 (Hi Korea)	Hi Korea(potal site of information of Korea for foreigners)	178
학기	semester	17
학생	student	25
한국말	Korean language	129
한눈	at a look, at a glance	184
한번	once	67
한식	Korean food	53
한옥	traditional Korean-style house	24
한우	Korean native beef	193
한테	to	40
할인	discount	52
할인하다	to give a discount	46
합창	chorus, ensemble	29
항공	aviation, flight	84

해결되다	to be solved, to be settled	105
해결하다	to solve, to settle	155
해녀	Haenyeo, female diver	82
해마다	every year	82
해물	seafood	76
해물탕	haemultang, spicy seafood stew	80
해설사	commentator	189
허가	permission, admission	173
헤어지다	to part from, to break up with	187
현금	cash	61
현장	site, (actual) spot	89
현재	the present, presently	70
호	house number	58
혹시	by any chance, in case	34
화	anger	112
화면	screen	88
화장실	bathroom, toilet	108
화장하다	put on make-up	196
화해하다	to be reconciled, to make up	113
확인	confirmation, check	88
확인하다	to make sure, to check	58
환영하다	to welcome	33
활동하다	to act, to be active	29
황남빵	Hwanmnamppang(Gyeongju style bread)	25
황사	yellow dust	65
회	raw fish, raw food	60
회비	membership fee	29
회사	work, company	114
회색	gray	41
회원	member, membership	29
회의	meeting	115
회의하다	to have a meeting	186
횟수	number (of times)	149
횡단보도	crosswalk	43
후단	the latter part	173
후문	back door, back gate	169
훨씬	much more, a lot more	202
휴대폰	cell phone, mobile	52
휴지	tissue, toilet paper	154
흑돼지구이	grilled black pork	25
힘	power, energy	66

제대로 한국어 ^{2}

편저자	제주대학교 국제교류본부 한국어과정 교재개발위원회
총괄편집	제주대학교 국제교류본부장
저자	오고운 권미소 김애라 박진향 현은주
감수	허남춘
발행인	송석언
발행처	제주대학교 출판부
등록	1984년 7월 9일 제주시 제9호
주소	63243 제주특별자치도 제주시 제주대학로 102
전화	064) 754-2275
팩스	064) 702-0549
홈페이지	http://press.jejunu.ac.kr
제작	디자인일리
사진	Shutterstock, 포토마인드
일러스트	배정식

2020년 3월 1일 초판 1쇄

Copyright© 2020 by Jeju National University Press.
All rights reserved.

ISBN 978-89-5971-138-3 14710
        978-89-5971-133-8 (세트)

정가 20,000원

*사전 동의 없는 무단 전재 및 복제를 금합니다.
*잘못 만들어진 책은 바꾸어 드립니다.